兴业之路

张小军　马玥　著

新华出版社

图书在版编目（ＣＩＰ）数据

兴业之路 / 张小军 , 马玥著 . -- 北京 : 新华出版
社 , 2023.11
ISBN 978-7-5166-7214-3

Ⅰ . ①兴… Ⅱ . ①张… ②马… Ⅲ . ①商业银行－经
营管理－研究－中国 Ⅳ . ① F832.332

中国国家版本馆 CIP 数据核字 (2023) 第 223488 号

兴业之路

作　　者：张小军　马　玥

责任编辑：徐文贤　陈君君　　　　　封面设计：云何视觉　汪智昊　漆孟涛

出版发行：新华出版社
地　　址：北京石景山区京原路 8 号　　邮　　编：100040
网　　址：http : //www.xinhuapub.com
经　　销：新华书店、新华出版社天猫旗舰店、京东旗舰店及各大网店
购书热线：010—63077122　　　　中国新闻书店购书热线：010—63072012

照　　排：云何视觉
印　　刷：四川科德彩色数码科技有限公司
成品尺寸：170mm×240mm　1/16
印　　张：18　　　　　　　　　　字　　数：171 千字
版　　次：2023 年 12 月第一版　　　印　　次：2023 年 12 月第一次印刷
书　　号：ISBN 978-7-5166-7214-3
定　　价：88.00 元

三十五载勇立潮头 兴业银行进无止境

　　岁月回章，三十五载，蓦然回首，兴业印记写在历史深处。诞生于闽地，兴于时代，盛于国运，兴业银行里，依稀照见一个国家银行业由小到大、由弱到强的变迁身影，闽水滔滔，潮头勇立，历史长河中，兴业银行像璀璨的浪花。在群星闪耀的天空里，兴业银行像璀璨的明珠，如同人们评价的，兴业银行是我国改革开放以来金融改革的成功探索，是金融改革开放的一个缩影。

　　将时光倒回到 45 年前，1978 年，中国金融体制改革从银行体制改革开始，中国人民银行总行与财政部分离，标志着经济转轨时期银行作为独立力量开始登上历史的舞台。1987 年，交通银行作为中国第一家全国性国有股份制商业银行重组成立，一年后的 1988 年，兴业银行作为首批股份制商业银行应运而生。

经过 35 年的不懈努力，兴业银行从当初偏居东南一隅，只有 5 亿资本金、1 个营业点和 68 名员工的小银行，发展成为资产总额突破 9 万亿元、在全国主要城市设立了 45 家一级分行和两千多家分支机构、员工 7 万余人的现代综合金融服务集团。

从先行先试的股份制商业银行之一，到入选中国首批 19 家系统重要性银行名单（2022 年 9 月，系统重要性银行名单再次公布，兴业银行连续两年保持在第三组第三位），兴业银行秉承敢为天下先的勇气、爱拼会赢的精神，紧握时代脉搏，顺应大势而为，锐意进取，开拓创新，为中国银行业的改革和发展做出有益探索，还取得了优异的经营成绩。

9 万亿"航母"

2023 年是全面贯彻落实党的二十大精神的开局之年，也是兴业银行成立 35 周年，值此之际，兴业银行向世人亮出一份"成绩单"：

根据 2022 年年报，兴业银行总资产突破 9 万亿元，较上年末增长 7.71% 至 9.27 万亿元；营业收入突破 2200 亿元至 2223.74 亿元；净利润突破 900 亿元，同比增长 10.52% 至 913.77 亿元；不良贷款率 1.09%，较上年末下降 0.01 个百分点……首批获得个人养老金业务开办资格、成为全国第 10 家数字人民币指定运营机构、明晟 (MSCI) 全球 ESG 评级连续四年保持国内银行业最高评级 A 级。

同在这一年，英国《银行家》杂志发布一年一度的"全球银行 1000 强"榜单，兴业银行持续攀高，按照一级资本排名第 16 位，在国际上的影响力和竞争力持续提升。根据英国《银行家》杂志的评定，兴业银行在运营效率方面表现优于同行。

这是一份殊为不易的答卷，也是兴业银行发展的新篇章与新高度。

出乎史，入乎道，欲知大道，必先为史。在改革开放后的四十多年时间里，得益于中国经济的高速增长，也得益于金融改革的深化，兴业银行无论是资产规模、营收、净利润，还是资产质量、资本充足率等核心指标，都较为引人注目。

"窥一斑而知全豹。"数据的背后，折射出兴业银行强劲的内生式增长能力。它有别于各类明确的量化报表指标，更加体现出一家银行的经营状态。眼光向内，从银行内部挖掘增长潜力，如精细化管理、流程优化、人员培训、技术创新等，以降低成本，增加收入规模，提高生产效率，实现可持续经营发展并且保持对股东的回报持续增长。

成长逻辑思考

无论是从金融的政治性、人民性还是专业性，又或者是从一级资本、市值、盈利能力、社会责任、可持续等维度来看，兴业银行在中国的商业银行中都可圈可点，在全球银行中亦占有一席之地，尤其从金融创新角度看，其持续不断的创新能力，能给人带来更多有益的思考。

兴业银行是中国特色金融发展道路上的实践者、探索者，也见证了中国金融业成长发展中的点点滴滴与取得的长足进步。

通过兴业银行的成长之路可见中国式金融现代化之路：在一穷二白的基础上，一群充满理想的银行家，奋勇投身中国经济建设，探索符合中国国情的金融发展模式和治理机制。

兴业银行如何成长为兴业银行？它的成长逻辑是什么？

《孙子兵法》中有句名言："善战人之势，如转圆石于千仞之山者，势也。"

对兴业银行来说，什么是它的"千仞之山"？答案主要是：1978 年中国正式开启改革开放大幕，此后的四十多年，国家政策逐渐推动金融体制改革，金融市场逐渐市场化，伴随中国经济高速增长，中国的一批金融机构强大起来，逐渐走出中国式金融现代化之路。

梳理兴业银行发展史，你会看到兴业银行从 20 世纪 80 年代作为首批股份制商业银行孕育而生，到 90 年代靠稳扎稳打在福建立足，从新千年后布局全国、引资上市、综合经营，到新时代做强主业、深化转型。过去 35 年的兴业银行与时代共舞，它几乎抓住每一次大的时代机遇，多级跨越，把握大势、顺势而为，准确把握各个时期经济社会的发展趋势，踩准时代节拍；因此，作为一个具有中国特色的商业银行，兴业银行的高质量发展带有鲜明的转型时代特征和非典型意义。

以战略来论，兴业银行是一家定力极强的金融机构，战略上坚持"一张蓝图绘到底"，从它出生之时就立志"为金融改革探索路子，为经济建设多作贡献"。

大道至简，"探路"和"贡献"构成兴业银行最重要的发展之道。

"探路"意味着要敢于进入无人之境，成为"吃螃蟹的人"。"摸着石头过河"不仅要"敢于"，而且要"成事"。

回顾兴业银行 35 年"成事"之路，"首单""首创""首次"类成功案例众多：同业创新、收购地方城市商行、输出核心服务系统实现全国扩张、银银平台的开创……

"贡献"意味着金融的政治性与人民性。作为国之重企，胸怀"国之大者"，努力把人民对美好生活的向往以金融之力变成现实。

此外还有"担当"之路，以金融之血，助力实体经济。中国第一家"赤道银行"、绿色金融先行、养老金融摸索，普惠金融践行……

道生万物，兴业之盛，顺势为先，崇道而成。

以创新差异化来论，兴业银行今天的成功，显然和它"师夷长技"息息相关。兴业银行拥有科技兴行的发展经验，但纵观它的发展，显然已经不限于技术而论，而是一种持续优化的创新工作之术。

就最为显性的技术层面看：略微梳理兴业银行的几次关键跨越，在其不断优术，提升竞争力。它走出福建，联通交易所，是夹缝中独到眼光的体现，更是技术的突破；在全国化进程中，兴业银行领先的核心系统服务输出，起到关键作用⋯⋯

兴业银行拥有科技兴行的发展经验，支撑科技的是人才。今天兴业银行全力加快数字化转型，持续推进体制机制改革，深度开发人才第一资源，全面做好安全生产工作，严守底线、筑牢防线。这一系列举动，是金融技术之变，更是兴业银行持续提升创新竞争力，又或者说通过不断创新，以金融技术更好服务合作伙伴，实现"探路"和"贡献"之道的展现。

兴业模式探讨

放眼全球，高盛集团在商业模式上定位全能型投行，以政商关系、全能型投行模式和商业进取心为三大成功秘诀；富国银行以社区银行经营模式著称，提供全能型金融服务；瑞银集团是目前世界上规模最大、布局最广、产业链最全的财股管理巨头，以"专注全球财富管理和瑞士全能银行，以资产管理和投资银行为辅"的模式享誉全球。

兴业银行之所以能够在股份制商业银行中脱颖而出，实现领跑，我们认为，兴业模式的特征是：始终以价值为驱动，以市场为依归，以变应变，朝着"金融市场综合运营商＋金融机构综合服务商"的目标，不断发展演进。

在历史中，兴业模式表现为以同业金融市场为撬动点，借助同业优势，提供综合化金融服务。如今，随着内外部环境的变化，兴业银行走向历史新高度。2021 年，兴业银行开启新一轮五年规划，董事长吕家进公开表示："下一阶段，我们要保持战略定力，一张蓝图绘到底，一届接着一届干"，在具体战略上，持续推进"1234"战略，并以"绿色银行、财富银行、投资银行"三张名片为重点突破，数字化转型为动力引擎，持续调整优化业务布局。

至此，兴业模式"一核一座三轴"立方体清晰可见。"一核"是始终以为客户提供综合金融服务为核心；"一座"代表基座，是兴业银行始终以风险控制为安全基座；"三轴"分别为 x 轴、y 轴、z 轴。x 轴代表业务主线"三张名片"，y 轴代表"四大体系优势"，z 轴代表战略引领"商行＋投行"两个抓手。

银行自出生之日起，就注定要与风险"共舞"，风险意识和底线思维，是兴业银行统筹发展与安全的基座，坚决守住不发生系统性风险的底线。发展早期，兴业银行就将"从严治行"放在治行方略的第一条，一直在防风险与业务发展融合方面探索管理创新，在发展中规避多次大的市场风险，经受住经济、

综合金融服务

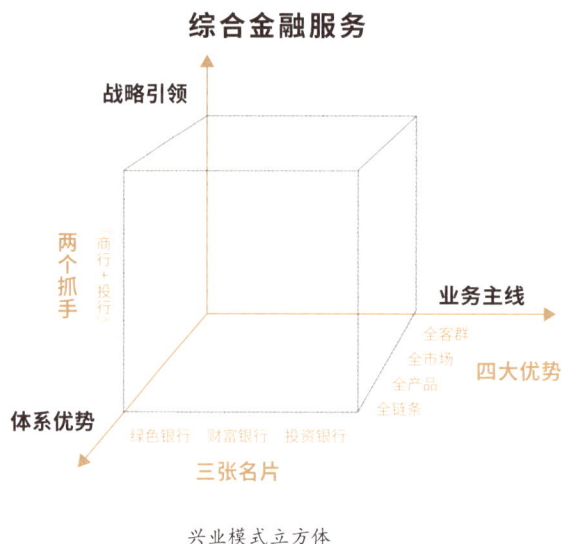

兴业模式立方体

行业危机等各种考验。兴业银行倡导风险是最大的成本，以建设完善的风控体系为手段，坚持规范发展稳健经营，不断提升自身风险控制能力，确保银行能够安全稳定运营。在不断优化自身风险控制体系、完善各项风控制度的基石上，兴业银行才能保障业务安全稳定发展、战略执行落地和优势顺利发挥。

z 轴体现为"商行＋投行"两大抓手。2017 年，兴业银行率先在国内银行业提出"商行＋投行"战略，要点为"客户为本，商行为体，投行为用"，即商行与投行的协同配合，致力兴业银行成为优秀的综合金融服务供应商，推动从规模银行向价值银行转变。在"商行＋投行"两个抓手的战略引领下，兴业银行擦亮绿色银行、投资银行、财富银行"三张名片"，跑出具有独特优势的三条业务主线。

综合金融服务要提供全流程、一体化的服务方案，而不是断点式的切片方案。在"商行＋投行"的发展战略下，兴业银行发挥"全客群、全市场、全产品、全链条"的四大基础业务体系优势，持续提升"清结算＋存托管""投资＋金融市场""投行＋财富管理"的综合金融服务能力，让兴业银行业务转型发展空间进一步拓宽，增强了综合金融服务实力。

以风险为基座，以"商行＋投行"两个抓手为战略支撑，擦亮"三张名片"，释放四大基础业务体系优势，兴业模式立方体的点线面环环相扣，各方面整体协同，兴业银行便能够为客户提供更加全面、优质、高效的一揽子金融服务，实现综合金融服务和高质量发展。

本书价值

"从偏居东南一隅的地方小银行到占据国内金融市场重要席位的综合金融服务集团，兴业银行总能踏准时代节拍，把握每一次大的战略机遇，实现跨越式发展"，这是现任兴业银行党委书记、董事长吕家进对兴业银行发展的总结。可以看出，兴业银行的发展兼具时代性、奋斗性与创新性。

兴业银行的发展具有时代性。时代赋予兴业银行使命，同时也为兴业银行的探路提供可能性，透过兴业银行变迁轨迹，我们可见中国银行业全面改革深化的演进路径；透过兴业银行的发展逻辑，我们可见中国经济奇迹发生的历史时刻；透过兴业银行的变革创新，我们可见中国的银行与世界接轨的关键抉择。中国银行业的变迁背后是世界经济中心的转移，自21世纪以来，中国作为新兴经济体在世界大放异彩，中国银行业根植中国经济，诞生出一批优秀的银行，跻身世界舞台前列。

兴业银行的发展具有奋斗性。 兴业银行的"兴"字在甲骨文里的字形看起来像四只手合力举起一个方鼎。兴业人从成立之初的68人到如今的7万人之众，这艘金融巨轮的高质量前进，归根结底是一群人持续的奋斗成果。金融市场，风云变化。中国改革开放后诞生的一批商业银行中，有兴业银行这样脱颖而出的金融巨轮，也有一些银行沉没于市场之海，奋斗是兴业银行持续发展的真正成功动力。

兴业银行的发展具有创新性。 且最为显著的是持续创新、持续引领。全球银行的发展整体趋同，尽管在比较长的时间里，中国银行业尚在对标全球最好的银行，但中国特色的金融发展日渐成为主流。银行业的创新本身很难，更难的是持续创新。

持续创新是兴业银行发展最为重要的路径。本书作者团队考拉看看以第三方视角去研究兴业银行的独特性时，最为重要的结论之一是这家银行的持续创新。

银行是金融的主体，金融是现代经济的血液，金融是国家重要的核心竞争力，金融安全是国家安全的重要组成部分，金融制度是经济社会发展中重要的基础性制度。金融业要实现高质量发展，银行业必须实现高质量发展。

中国式金融现代化既强调金融的政治性、人民性和专业性，金融与实体经济、人民美好生活、共同富裕息息相关。体量大、责任大，在此方面，兴业银行谓之典范，本书内有呈现，此处不展开。

当今时代，全球金融看中国，中国金融看银行，银行业的偶像中，一定少不了兴业银行的身影。

兴业银行历经 35 年发展，已在中国金融业中占有重要地位，且在持续不断地创新、进化，迈向更高质量的发展道路。

定义兴业银行是一件困难的事情，写好兴业银行更是难上加难。考拉看看头部研究中心的团队用一年时间展开调研，在经过与兴业银行内外部人士交流之后，试图以第三方视角去分析它。所幸在此过程中，调研团队得到中国金融多位金融学家、经济学家、管理学者、银行家不同角度的指导，专家们的指导与历史的梳理让我们有机会深入还原兴业银行的发展历程，继而去努力分析兴业银行的独特性。

本书以兴业银行成长逻辑去探讨兴业银行的独特性，所述力求中立客观，当然作为第三方机构，我们也在书中表达我们的分析，这些分析是基于"求深、求实、求细、求准、求效"上下的调研。本书所列举事例皆来自广泛的调研访谈与对中国金融业的深入研究。

我们始终相信，对于中国银行业改革历程和代表性银行的案例调研是认识中国银行业的一扇窗口。

愿你我一起，打开本书，走进兴业，读懂兴业，读懂中国金融。

考拉看看头部企业研究中心

考拉看看金融口述史中心

2023 年 12 月于福州、成都

特别说明：

只有在伟大的时代，才能诞生这样一批银行。兴业银行是时代的产物，诞生于经济发展大时代、金融改革大时代。本书的创作，向这个伟大的时代致敬，向国家开创的经济奇迹与时代红利致敬。

在中国，任何一个个体的成功都离不开我们这个伟大的国家，离不开社会各界。兴业银行在发展历程中，得到各级领导与社会各界的大力支持与关心，因本书为商业财经著作，着力以学理性视角、商业财经分析、故事化讲述，未能对帮助与扶持兴业银行的各级领导与社会各界做出表述，在此特别向他们表示致敬！感谢他们在这样一家中国股份制商业银行的开创与探索路径中，所做出的努力，感谢他们在兴业银行三十五年蝶变中，所给予的关心关怀！

目录 CONTENTS

第一篇

顺势而为

『把握大势、顺势而为』

『踩准时代节拍，在不断的变革进取中实现了多级跨越』

第一章

时代的兴业
和兴业的时代

这是创新者的新时代。

生于试验田，长于大时代，在 960 多万平方公里土地上，14 多亿中国人民踔厉奋发。在中国经济快速发展进程中，兴业银行是中国改革开放的一个缩影，它是改革开放的产物，是改革开放的参与者、推动者与受益者。

这是追梦者的新时代。

与时代同呼吸，时代造就兴业。兴业银行"为金融改革探索路子"呼啸而来，自力更生、艰苦奋斗，披荆斩棘，创造举世瞩目的中国特色金融奇迹。

与国家共命运，兴业开创时代。兴业银行坚持与中国经济发展同频共振，勇毅前行，扎扎实实、步步为营，翻山越岭，成为服务实体经济的"源头活水"的优秀一员。

兴业银行是中国金融体制改革的探索者、实践者、实体经济的服务者。

在风云激荡的金融市场探索打造一流现代商业银行，兴业银行在中国的探索、实践和建设，不仅走出中国特色金融发展之路的"兴业模式"，也为世界各国尤其是发展中国家破解金融难题、发展金融事业贡献出中国智慧。

国兴业兴，兴业兴国！

第一节　生长于大时代：探路一流现代商业银行

任何金融产品都与数字、时间交集，研究兴业银行，可以从一组数字开始。

1988826，这一串数字是兴业银行的起点。

1988 即 1988 年，这一年中国的改革开放进入第十年，资本开始苏醒。彼时的兴业银行名字是"福建兴业银行"，它在这一年的 8 月 26 日，星期五，正式开业。

兴业银行生逢一个伟大的时代，是改革开放的产物，是中国金融体制改革的一个缩影。

改革开放给兴业银行提供无限机遇，如果没有赶上改革开放，就没有今天的兴业银行。

兴业银行的总部在福建，其前身是福建福兴财务公司。1978 年，党的十一届三中全会召开，会上一份关于亚欧部分国家利用外资和外国先进技术加快发展的材料给了时任广东省委第一书记习仲勋极大的启发。1979 年 4 月 3 日，习仲勋前往北京参加中央工作会议时发言："广东邻近港澳，华侨众多，应充分利用这个有利条件，积极开展对外经济技术交流。这方面，希望中央给点权，让广东先走一步，放手干。"会上，福建省委也提出类似要求。

6 月 6 日和 6 月 9 日，广东、福建两省分别向中央上报《关于发挥广东优越条件，扩大对外贸易，加快经济发展的报告》和《关于利用侨资、外资，发展对外贸易，加速福建社会主义建设的请示报告》。

7 月 15 日，党中央、国务院批转广东、福建两省的报告，正式下发《中共中央、国务院批转广东省委、福建省委关于对外经济活动实行特殊政策和灵活措施的两个报告》（中发〔1979〕50 号），决定在广东、福建两省实行特殊政策和灵活措施，给地方以更多的自主权，使之发挥优越条件，抓紧当前有利的国际形势，先走一步，把经济尽快搞上去。

就这样，在改革开放大潮中，广东、福建被赋予特殊政策、灵活措施，迎来千载难逢的重大机遇，走在全国改革开放的前面。可是，福建与台湾隔海相望，因地理位置特殊，在启动改革开放之前，这里的建设项目较少，工业基础薄弱。因此，尽管有着国家政策支持，但福建的建设资金不足及资金融通难问题也相当突出。

在此背景下，1988 年 3 月，福建省委省政府向国务院提交《关于福建省深化改革、扩大开放、加快外向型经济发展的请示》，其中特别提到："批准我省在福兴财务公司的基础上筹建区域性、股份制的综合性商业银行，接受中国人民银行领导，办理本币和外币的存款、贷款、结算、汇兑等业务，各部门、企业、金融机构、城乡居民以及港、澳、台胞、海外华人均可入股。"福建报送请示之后，中共中央、国务院有关部门和福建省委省政府内部沟通多次，于 1988 年 4 月形成《关于福建省深化改革、扩大开放、加快外向型经济发展请示的批复》。

5 月 13 日，在福建省政府和中国人民银行的支持下，以福兴财务公司为基础，联合福建投资企业公司和福建华兴信托投资公司发起并向社会公开招股，福建兴业银行的筹备走向正轨。

1988 年 8 月 26 日，兴业银行正式开业。8 月 27 日，《福建日报》头版头条刊载"福建兴业银行开业"的报道，文章写道："我省第一家股份制区域性的商业银行——福建兴业银行于 8 月 26 日正式开业。这家银行是省人民政府决定、经中国人民银行总行批准，在福兴财务公司基础上成立的，是省属的国营金融机构"……"贾庆林、蔡宁林、温附山、王一士、刘永业等省里的负责同志，以及日本长期信用银行、美国建东银行、厦门国际银行、中国人民银行等代表 200 多人参加了开业典礼"。

从时间上来看，兴业银行是中国首批股份制商业银行之一，同时期登上历史舞台的还有交通银行（1987年）、招商银行（1987年）、中信实业银行（1987年）、深圳发展银行（1987年）、广东发展银行（1988年）等，这些银行都因改革而生，先行先试。

中国证监会首任主席刘鸿儒曾评价说，"从经营效果看，这些银行克服了国有专业银行旧体制的弊端，对原有的银行监管形成冲击，银行的发展活力被激发出来，也证明了股份制是唯一正确的选择。"①

当时的背景是：1978年以前，以新中国成立初期的经济状况为起点，中国处于"大一统"银行体制。在这种体制下，成立于1948年12月的中国人民银行是全国的信贷中心、结算中心、货币发行中心，被称为政府"司库"。②1978年十一届三中全会后，为支持社会主义经济建设，中国启动金融体制改革。1979年10月，邓小平同志提出"要把银行办成真正的银行"，金融体制改革提速。

在改革开放背景下，从1979年开始，国家先后恢复四大国有专业银行：1979年，中国农业银行恢复，以服务农村经济为主；中国银行从中国人民银行分设出来，根据国家授权和

---

① 张艳花. 股份制的深圳实验——访国务院经济特区工作组成员、中国证监会首任主席刘鸿儒[J]. 中国金融, 2020 (Z1):37-39.

② 李志辉. 中国银行业改革与发展[M]. 上海：上海人民出版社, 2018.9.

委托，支持国家对外开放工作；中国人民建设银行从财政部下属银行行政级别上调，成为国务院直属单位，以服务国家基础设施建设为主；1984年，中国工商银行成立，专门支持集体、个体工商业和服务业发展，至此四大国有专业银行正式恢复。1983年9月，国家给予人民银行明确定位，是我国中央银行，专门行使金融监管和货币政策制定职能。至此，中国形成以人民银行为中心、四大国有专业银行为主体的"二元制"银行体系。但这样的银行体系中仍不存在竞争，不是现代意义上的、符合市场化发展的体系。

为让银行业适应改革开放发展大势，打破国有专业银行的垄断地位，国家下决心对银行业再次进行改革，构建多层次银行体系，探索国有专业银行的企业化发展。可是，如果贸然改变国有专业银行为商业银行，难度高，风险也大。因此，当时银行业改革的其中一项重要内容是进行增量改革，即以体制外增量改革带动体制内存量改革的方式，按照市场经济规律尝试和组建一批新型、小规模的真正商业银行，引入市场竞争机制，激发并推动原有计划经济体制下的较为僵化落后的金融存量质的改变，优化金融服务体系和金融供给结构。[①]1987年4月，交通银行重新组建后正式对外营业，成为改革开放后第一家全国性的国有股份制商业银行，之后，其他股份制商业银行相继成立。

---

① 李志辉. 中国银行业改革与发展[M]. 上海：上海人民出版社，2018.9.

如今来看，当年组建的一批商业银行成为推动中国银行市场化改革的初始动力，亦逐渐成为支撑中国经济高速发展的系统重要性金融力量。正由于商业银行先行探路的市场效应，国家专业银行此后纷纷向商业银行转变，中国银行业商业化改革全面推进。

人民创造历史，创新开创未来。诞生于大时代，既要求生存，又要谋发展，股份制商业银行从出生起，就具有天生的改革创新基因。这种基因显然与这一批银行的使命密切相关。

兴业银行承担着"为金融改革探索路子、为经济建设多做贡献"的责任和使命。交通银行作为中国第一家股份制商业银行，身上背负"把银行办成真正的银行"的重任，招商银行则以"为中国贡献一家真正的商业银行"为出发点，广东发展银行从广东起家，矢志"服务广东经济发展、推动国内银行系统市场化改革创新"，浦东发展银行则是"为社会主义金融事业闯新路"。

大时代下，金融市场化改革路上的先行者各显身手，不过迎接它们的多数是考验。

站在起点处看，同一时代产生的股份制商业银行中，兴业银行是家底最薄、支持最弱、资源最少的一家。纵观股份制商业银行，招商银行出身深圳蛇口，政策资源丰富，光大银行、中信银行属金融央企"国家队"，含着金汤匙出生，华夏银行亦背靠国资，有深厚的资源和背景，浦东发展银行落地上海，一出生就赢在起跑线上，占尽天时地利人和。

尽管兴业银行出生的时间比中信银行、招商银行、深圳发展银行成立晚，同比条件也不如这些银行，但这并没有妨碍兴业银行为改革先行先试的决心，它用实际行动证明，兴业银行是一家想干事、能干事、干成事的银行。

兴业银行从出发时的发展路径非常清晰：区域性银行、综合性商业银行、股份制银行，走外向型经济道路。

其实在兴业银行的发展路径选择上，当时还有一种声音是兴业银行走专业银行的路，即聚焦于支持发展某一个行业，但时任领导班子达成一致意见，要走外向型经济道路。

时任兴业银行副总经理陈芸等人拟定报告，报告题目是"福建兴业银行的发展构思"，这是兴业银行的第一个战略规划报告。其文中写道，兴业银行"要以厦门特区、福州开放城市、闽南开放区等沿海经济开放地区为主，并注意兼顾内地，按照量力而行和讲求经济效益的原则，重点支持出创汇、替代进口、'两头在外'的产业，引进台资、侨资、外资发展合资合作项目，支持基础设施、基础工业重点建设和技术改造项目。"[①]

---

① 陈芸. 福建兴业银行的发展构思[J]. 福建金融, 1989 (07):10-11+4.

对比之下，同在福建省内成立的厦门国际银行，成立于1985 年，是中国第一家中外合资银行，随着时间推移，兴业银行后来居上，经营规模远远领先于厦门国际银行。再看全国同期成立的几家银行命运多舛，如深圳发展银行后来与平安银行合并，海南发展银行仅运行 3 年就被关闭。

同处大时代，但发展可能完全不一样，究竟因何有差别？本书将在后面的章节中逐渐来回答。

回顾兴业银行的成功，除了"时也，运也，命也"的时运禀赋，或许更为重要的是：兴业银行的经营者善于抓住时代机遇和清晰的战略定位。

此时我们最基本可以认为，生于大时代，长在改革里，兴业银行的兴盛，既离不开时代机遇的造就，也离不开兴业银行人的奋斗。

第二节　历史的机遇：高瞻远瞩的战略眼光

观察兴业银行的成长是探索中国银行业发展的一扇窗户，这扇窗户里的风景，既有大时代的共同红利，更有兴业银行的独树一帜、和而不同。

从时代红利来看，兴业银行是改革开放下大时代的产物，生于时代，兴于时代，盛于时代。兴业银行发展的每一个节点都契合时代的脉搏，它抓住中国对外开放、全球化、城镇化等时代机遇，并在历史性时刻做出最为正确的战略选择。

改革开放打开了中国经济大发展之门。1979—1989 年，中国开启改革开放；1989—1999 年，"发展是第一要务、稳定压倒一切"成为主流，经济加快发展；1999—2009 年，中国全面深化住房、教育、医疗体制三大改革，资源变资本、资本加杠杆，推动经济于 2000 年明显升温，成为世界经济增长的亮点，2001 年，中国加入 WTO，进一步对外开放，发展速度明显提升；2009—2018 年，中国及时调整宏观政策，于 2010 年超越日本成为世界第二大经济体，中国崛起；2018 年至今，中国经济新常态已步入新阶段，中国经济增长持续成为世界经济增长最大贡献者。[①]

改革开放 40 多年，中国国内生产总值从 1978 年的 3679 亿元[②]飙升至 2022 年 1210207 亿元，[③]稳居世界第二大经济体。在改革开放的前三十年，中国经济几乎每年约 10% 的"井喷式"增长，创造了人类历史上最大规模的经济奇迹。

---

① 在中国银行原副行长王永利的作品《世界金融大变局下的中国选择》中，作者提出新中国成立以来中国发展的"30 年阶段"论与改革开放以来国家发展"10 年周期"论。

② 新华社. 里程碑！中国经济总量跃上百万亿元[EB/OL]. (2021-01-18)[2023-10-13]. https://baijiahao.baidu.com/s?id=1689209235156982163&wfr=spider&for=pc.

③ 中央广播电视台粤港澳大湾区之声. 再上新台阶！2022年我国GDP超121万亿元[EB/OL]. (2023-03-01)[2023-10-13]. https://m.gmw.cn/baijia/2023/03/01/1303298217.html.

兴业银行抓住经济大发展机遇，快速发展壮大。在改革后前二十年中，兴业银行于1988—1995年，紧跟国家社会主义初级阶段"三步走"战略，提出适合自身发展的"三步走"战略构想，同时在1992年邓小平南方谈话、党的十四大召开后，真正响应"必须把银行办成真正银行"的号召，在不断加大福建省内分行布局的同时，高扬起差异化发展的旗帜。在这一时期，兴业银行从成立初期在夹缝中求生存的窘境，到在福建省内站稳脚跟、完成布局，实现从无到有、从小到大，在资产总额、机构建设、盈利能力方面打牢了基础，其中，1990—1994年连续五年高速增长，主要业务指标年均增幅超过50%，到1996年，全行总资产逾230亿元。

1996—2000年，兴业银行做出二次创业的决定，突破区域发展，走向全国。到2000年末，全行资产总额达855.9亿元，年均增长39.2%。分支机构网络逐步完善，拥有福州、厦门、上海、深圳、北京等16家分行。

毫无疑问，这是兴业银行根据自身发展，顺应发展大势做出的正确抉择。从1988年到1996年，兴业银行扎根八闽，虽基本实现开业初期"求生存"的目标，但此时兴业银行的总资产仅230多亿元，在同类股份制商业银行中排名靠后，要想获得更大发展，就必须走到更大市场中去。与此同时，1994年，国家监管政策放开，区域性商业银行可以跨地区发展。在此背景下，兴业银行决定走出福建，布局全国，并将第一站选择在上海。1996 年 3 月，上海分行正式开业，标志着兴业银行摆脱"福建省内银行"的历史定位，全国化布局大幕就此拉开。

1996 年 6 月 14 日，《法制日报》刊登报道写道："在福建的金融同行里，公认兴业银行有'七个之最'，即金融业走向市场最早、资产平均增长速度最快、净资产增值幅度最大、人均创利水平最高、员工平均年龄最低、整体文化程度最高、经济和刑事案件发生率最低。"[①] 多家媒体报道兴业银行进驻上海的重大事件，有媒体评价，这是上海市首次接纳的异地股份制商业银行分行，也是兴业银行敏锐把握国家金融政策松动的机遇，走出福建跨区域经营，迈出的历史性步伐。

上海分行开业后，同年 7 月，兴业银行适时提出"自我扬弃、二次创业"战略部署，确定围绕"办真正的商业银行"，在全行建立起符合商业银行发展规律的体制机制，同时要"立足福建、展翼深沪、面向沿海、辐射内地"。根据该思路，兴业银行将全国化布局大致分为三个阶段：第一阶段扎根上海、深圳等中国经济实力最为雄厚的超一线城市，学习先进办行知识，积累省外拓业经验；第二阶段深挖杭州、广州、南京、宁波等沿海近一线城市，在经济发达的地区牢筑金城汤池，捍卫展业成果；第三阶段则是深入成都、西宁、银川、拉萨等腹地城市，以实现区域全覆盖，真正完成布局全国的战略构想。

---

① 甘景山. 走向市场天地宽——记福建兴业银行[N]. 法制日报, 1996-06-14.

二次创业号角吹响，兴业人在上海黄浦江岸东方明珠电视塔下的广告牌上，年花费 300 万元树起了"福建兴业银行"的广告，率先在上海滩打响兴业品牌，迈出跨区经营、向全国性银行进军的历史性步伐。

在改革开放的第三个十年里，兴业银行在 2000—2010 年，迎着中国加入 WTO 的进一步开放红利、中国经济实现腾飞的这十年，自 2000 年起，按照监管审批每年设立 2～3 家分行的节奏，不断在外开疆拓土，逐步在全国范围内完善网点布局，迅速成为全国性银行、上市银行。业务上形成公司、同业、零售三大主要板块，在全国主要经济中心城市设立 40 家分行、400 多家分支机构，与全球 900 多家银行建立代理行关系，并完成上市，在 2010 年末，资产总额达 18496.73 亿元。

当 2010 年中国已经成为世界第二大经济体，兴业银行积极把握市场机遇，迅速完成综合化经营布局，成为最具综合金融创新能力和服务特色的一流银行集团。

中国加入世界贸易组织，涌入"货币—金融—贸易"三位一体的国际经济体系，面对"狼来了"的外资银行进入中国，兴业银行站在全球化视角来审视自身发展，构建"人无我有，人有我优"的竞争力。

随着中国入世放开外资金融机构入股中资银行的限制，兴业银行果断在 2003 年引进恒生银行、国际金融公司与新加坡直接投资政府三家境外战略投资者，不仅解决自身快速发展对资本金的需要，更优化股权结构，得以引入外资先进的管理经验与资源赋能，增强整体竞争力。

城镇化带来内需的爆发式增长给兴业银行带来新一轮的发展机遇。

在中国城镇化进程中，伴随房地产企业、政府平台的成长，兴业银行敏锐地捕捉到城镇化的资金需求与行业投入的可持续性、高效益性，积极拥抱机遇，在风险可控的情况下，在城镇化相关基础设施建设与民生工程项目以及房地产开发贷款、个人按揭贷款等领域抢先布局。这几项业务，曾支撑起兴业银行半壁江山，使得兴业银行规模与利润得到快速增长。

机遇是时代造就的，具有公平性，但从整个银行业来看，同批成立的股份制银行中，并不是每一家银行都像兴业银行一样极具前瞻性地把握住了关键机遇，踩准了发展节奏，掌握了发展主动权，规避了发展风险。这也是业界羡慕兴业银行所具备的能力之一。

伟大的时代催生出伟大的企业，而伟大的企业总是善于把握时代的机遇。

一个硬币总有两面，机遇与挑战共生，风险与收益共存。

一个朴素的常识，也是一个深刻的道理。

第三节　创新探索：资本金之路

诞生之初，兴业银行明确就是一家区域性银行、综合性商业银行、股份制银行。作为股份制银行，体制外金融产权主体的增长，在兴业银行身上得到充分体现，其股东主要来自福建省各级财政，同时有企事业单位、外资等，充分体现了以社会主义公有制为主体，多元主体投资入股的经营模式。

兴业银行起步十分艰难，与同时期成立的广东发展银行、浦东发展银行等相比，最大的不同就是资本金的筹措。兴业银行注册资本为 15 亿元，但首期实收资本只有 5 亿元，5 亿元实收资本中还有 3.5 亿元左右是福建省"拨改贷"项目（大部分是不良资产），剩下 1.5 亿元通过向地方政府及社会各界筹措募集。

刚刚起步时，兴业银行连这 5 亿元首期实收资本的筹集都困难重重，临近开业资本未全部到账，1988 年，在人民银行总行批准兴业银行开业的文件上明确写着："福建兴业银行首期实收资本为人民币 5 亿元，相差 8000 万元，限于今年年底前补足。"

1995 年，《中华人民共和国商业银行法》正式颁布，对商业银行设立、经营管理分支机构等出台具体规定，其第三十九条规定"商业银行资本充足率不得低于 8%，流动性资产余额与流动性负债余额比例不得低于 25%；对同一借款人的贷款余额与商业银行资本余额的比例不得超过 10%。"

　　单单"资本充足率不得低于 8%"这一条，兴业银行就无法满足。因为到 1995 年末，兴业银行的实收资本只有 9 亿元左右，与开业宣称的 15 亿元注册资本金仍差距甚远。且这 9 亿多元的资本金，各级财政部门占 60% 多，省属国企占 20% 多，相当于接近 90% 的资本金属于地方财政。在此大背景下，兴业银行及时提出二次创业，并在 1997 年 12 月完成第一次增资扩股，实收资本金达到 15 亿元。

　　这次增资扩股，对兴业银行来说意义非常重大。首先，资本金的扩充，对兴业银行的下一步发展和风险抵御能力的提升有着积极作用。其次，股权结构发生很大变化，福建省财政股权占比由 62% 降到 51%，财政系统的总占股量由 90% 下降到 80%，剩下的 20% 股权则由国内比较著名的大型企业持有。同时，兴业银行还增加了上海的股东，如复星公司、上海市糖酒公司等。之后，兴业银行的股权构成由单一的福建省内股东转变为福建省、上海市等多地的股东。再次，董事会结构发生改变。以前，兴业银行董事会成员都是省内人士，增资扩股后吸纳了上海的几位大股东进入董事会，同时他们也带来了崭新的经营理念，使兴业银行的法人治理结构得到改进。此外，成立监事会被提上议事日程。

　　2000 年 12 月，兴业银行完成第二次增资扩股，注册资本增加到 30 亿元，基本暂时脱离资本金不足所带来的掣肘。

2001 年，我国正式加入世界贸易组织（WTO），经济快速增长，中国银行业迎来破茧成蝶的黄金时代。

在中国银行业的黄金十年，兴业银行顺势而为一跃成为行业领先。2003—2007 年，兴业银行完成三件大事。一是完成更名，从"福建兴业银行"更名为"兴业银行"，基本确立全国性银行的地位。二是成功引入恒生银行、国际金融公司（IFC）、新加坡政府直接投资公司（GIC）三家境外战略投资者，创下国内商业银行一次性引入股东家数最多、入股比例最高、涉及金额最大的纪录。三是上市，既是兴业银行的里程碑事件，又打开了一条扩充资金的道路。

纵观兴业银行"省内银行—区域性银行—全国性银行—上市银行"的四级跳跃，其中从区域性银行向全国性银行蜕变最为不易，这次蜕变最为关键的一步就是"更名之战"。

当 2000 年兴业银行正式确定建设全国性现代化商业银行的发展战略后，更名一事就已经开始酝酿。2002 年 2 月 9 日，兴业银行向福建省政府提交《福建兴业银行关于今后发展有关问题的请示》，标志着兴业银行正式踏上更名之路。6 月，兴业银行股东大会正式通过更名提案，7 月正式上报人民银行总行，12 月底获得人民银行总行批准，2003 年 1 月 8 日国家工商总局核准工商登记变更，从 3 月 3 日起兴业银行在全国各地的机构开始正式启用新名称。

　　"长达 10 年，我们一直为名所困，当时我们全国性布局已经基本成形，此次更名可谓实至名归，为兴业银行的日后快速发展铺平了道路。"时任兴业银行董事长高建平直言不讳道。①成功更名，不仅彰显兴业银行总行党委及各部门的智慧，也体现出兴业银行高瞻远瞩、抢抓机遇的能力。一些同类型银行在兴业银行后相继提交更名申请，但至今未获成功。

　　正是"更名之战"的胜利，为兴业银行接下来顺利引进境外战略投资者，启动整个上市计划打下坚实的基础。更名后，兴业银行全国化布局进一步加快，规模、业务高速增长，喜忧参半的是兴业银行再一次陷入资本金不足的境遇。

　　2003 年，恰逢银监会发布《境外金融机构投资入股中资金融机构管理办法》，中国银行业掀起一股引进境外战略投资者的热潮，兴业银行决定抓住机遇，先引进战略投资者有效补充资本金，再谋求上市。这也符合当时大多数股份制银行采取的措施。

　　在与世界各国投资者接触中，兴业银行意识到境外投资者不仅有着丰富的国际金融竞争经验和技巧，而且具备自主、灵活、先进、高效的经营手段、管理机制和技术设备。因此，无论是经营业务方面，还是吸引人才方面，外资银行都有着明显优势。

---

① 石朝格. 兴业银行董事长高建平：十八年兴业路[N]. 中国证券报, 2007-02-05.

以哪种引资模式，引进哪些战略投资者，这是摆在各家银行面前的现实难题。当时，国有商业银行根据自身资产和管理状况选择各自的战略投资者，如，中国工商银行采取的是"投资银行＋保险公司＋银行卡"的引资结构（引进高盛集团、安联集团和美国运通公司），中国建设银行（引进美国银行、新加坡淡马锡）和中国银行（引进苏格兰皇家银行、新加坡淡马锡控股有限公司、瑞银集团和亚洲开发银行）采取的是"商业银行＋财务投资者"的引资模式，兴业银行根据自身特征与战略需要，采取了"商业银行＋投资银行"的模式，于 2003 年 12 月，引入三家境外战略投资者——恒生银行、国际金融公司（IFC）和新加坡政府直接投资公司（GIC），被国际权威媒体评价为"中国政府加快金融对外开放的标志性事件"。

其中，恒生银行以完善的公司治理，良好的内部控制和突出的零售业务见长；IFC 是各国政府出资的国际金融机构，以推进发展中国家市场经济建设及金融体系改革为宗旨，向发展中国家混合经济项目提供贷款和股本投资；GIC 是新加坡政府投资混合经济的主要平台，投资目的看重的是被投资公司的潜质和增长前景。

对于银行业开放后，三家境外投资者的引进，高建平曾以"与狼共舞"的竞合观发表过看法，即与狼共舞的前提是了解"狼"的习性与本领，而引进境外战略投资者就是了解"狼"最好的办法。

时至今日，总结来看，自 1996 年亚洲银行入股光大银行拉开境外战略投资者入股中国银行业的序幕后，几乎在国内所有股份制银行身后都能看到外资的身影。归根到底，引进外资既不是各股份制商业银行一时冲动之举，也不是"崇洋媚外"之好，而是我国金融发展和对外开放的必经阶段。兴业银行引进三家境外战略投资者，意义重大。

其一，有助于兴业银行改善治理结构，提高治理水平。正处于建设全国性商业银行的兴业银行，需要促进治理结构完善，进而实现全国化发展的步伐。同时，建立起多种股权互相制约的银行治理结构，使兴业银行成为真正意义上的市场金融主体。

其二，有助于兴业银行成功募资上市。境外战略投资者在入资前，会通过尽职调查充分了解银行的经营状况和潜在投资价值与风险，有助于提高银行的诚信力，增强其他投资者的信心。受外资影响，兴业银行率先在国内同业中推行新的金融企业会计准则，加快会计标准和信息披露标准国际化。

其三，有助于提升兴业银行的经营效率与核心竞争力。兴业银行首批全面采用国际通行的信贷资产五级分类方法，推进信贷资产质量管理国际化；首批探索按照国际先进银行组织架构模式进行"银行再造"，快速提升企业竞争力；首批探索引入全面质量管理手段、开展内部评级法研究等，提升内控管理国际化水平。在技术手段上，兴业银行瞄准国际先进水平，积极与国内外著名 IT 厂商合作，奋起直追，先后完成全行数据大集中、核心系统以及众多管理信息系统开发工作，与国际先进银行的差距迅速拉近。

就在 2003 年完成引进战略投资者的同时，兴业银行也在积极研究国际上成熟的资本补充工具，在这一年，创新推出资本补充工具，为银行业拓宽资本补充渠道蹚出一条新的道路。12 月 30 日，兴业银行在银行间市场发行 30 亿元的次级定期债务，开创国内商业银行通过发债补充资本金之先河。时至 2006 年 9 月，兴业银行在全国银行间债券市场成功发行总额为人民币 40 亿元的 15 年期混合资本债券，成为国内首家获得中国人民银行和中国银监会核准发行混合资本债券的商业银行，在国内商业银行资本补充渠道创新方面再次突破。

次级定期债务和混合资本债券的金融创新，对于中国银行业乃至金融市场都产生深远影响。当时，监管部门在引入商业银行资本充足管理时，由于我国商业银行资本构成与国际银行业资本构成相比较为单一，国际化的监管理念很难落地。兴业银行创新开拓的资本金补充工具，不仅为商业银行增添资本补充渠道，也使国际化监管理念与国内银行业实际有效结合。

2004 年 4 月底，随着外资资金到位，兴业银行的工作重心朝着争取公开上市转移。如今回过头看，兴业银行这一决定无疑是正确且长远的。

虽然 2005 年证监会启动股份分置改革延缓兴业银行上市的脚步，但两年时间足以让兴业银行变得更好，也成功吸引更多投资者的目光。

在股份制商业银行的序列中，深圳发展银行、上海浦东发展银行与民生银行已分别在 1991 年、1999 年与 2000 年成功公开上市。2001 年，招商银行、华夏银行也相继完成上市辅导，中信银行更是直接获得证监会对其上市辅导期的豁免。

上市的舞台，终于见到兴业银行的身影。2007 年 1 月 8 日，证监会发行审核委员会召开 2007 年第 1 次发行审核委员会工作会议，兴业银行顺利通过答辩，A 股首发申请成功过会。这一成果标志兴业银行在上市事宜上取得实质性突破，成为 2007 年首只过会的新股，同时也是继中行、工行之后，登陆沪深股市的第 8 只银行股、福建省有史以来最大 IPO。

2007 年 1 月，兴业银行分别在上海、广东等地展开全国巡回路演和网上路演，由于多年来兴业银行的股东回报率一直位居各股份制银行之首，路演取得巨大成功。最终，根据市场反应，兴业银行确定本次共发行 10.01 亿股 A 股，发行价为每股 15.98 元。同期，网下配售和网上发行分别展开，据统计本次网下配售申购资金达 2240 多亿元，网上发行申购资金达 9370 多亿元，两项均创下中国资本市场历史最高纪录。新华社记者康淼在《兴业引领新一轮金融上市潮》中写道："兴业银行 A 股 IPO（首次公开发行股票）迎来超过万亿元的申购资金，这多少有点出乎外界的意料。"①

2007 年 2 月 5 日，兴业银行成功完成首次公开发行 A 股并登陆上海证券交易所，总行部门、全国各分行、子公司负责人都齐聚上海，共同见证这荣光时刻。不少媒体称"作为国内首批股份制商业银行，兴业银行在 A 股市场挂牌上市，标志着该行从此进入中国主流资本市场，接受新的检阅，迎接新的考验，展开新的征程"。②

上市使兴业银行补充大量资本，为走出长久以来资本金短缺的困境又开辟一条新路。上市既是里程碑，又是新起点。这家位于东南一隅的银行，靠着自身的努力与坚持，一步一步实现跨越，成功跻身国内主流银行行列。成功上市使兴业银行发展有最基础的经济支撑，抬头可见未来的星辰大海。

无论是增资扩股，还是成功引进境外战略投资者，抑或是公开上市，实际上都是兴业银行扩充综合经营版图、完善公司治理的重要举措。兴业银行不断完善公司治理，是被纳入上证公司治理指数样本股的上市公司，以规范的制度和创新的管理著称，被认为是业内最具成长性的商业银行之一。

---

① 康淼. 兴业引领新一轮金融上市潮[EB/OL]. (2007-02-06)[2023-10-13]. http://finance.sina.com.cn/stock/s/20070205/16133313375.shtml.

② 扬子晚报. 兴业银行成功登陆A股市场[EB/OL]. (2007-02-06)[2023-10-13]. https://www.cib.com.cn/cn/aboutCIB/about/news/2007/20070206.html.

第四节 穿越危机：每一次考验都在成长

岁月长河奔腾不息，金融波涛时有巨澜。

兴业银行如何乘风破浪？梳理兴业银行 35 年发展历程，既有改革开放的春风，中国加入 WTO 与世界接轨和城镇化的机遇，更有出生时的物价闯关、通货膨胀，还有 1997 年亚洲金融风暴、2008 年全球金融危机、2020 年新冠肺炎疫情……

历史告诉我们，金融发展，如同大海行舟，并非所有银行都能看到黎明前的曙光，也非所有银行都能穿越重重迷雾。

放眼全球，一些银行在金融危机中错失领先地位，或者遭遇重创，甚至倒闭。国外有美国银行、华盛顿互惠银行、英国巴林银行、日本振兴银行等，国内也不乏海南发展银行这样的案例。

刚刚成立就面临"物价闯关"，通货膨胀严重，这让本就资本金不足的兴业银行雪上加霜。随后，三年国家全面治理整顿和信贷规模紧缩，如何在市场上生存与立足，又是异常艰辛的闯关历程。1996 年，兴业银行刚刚吹响二次创业的号角，亚洲金融风暴来袭。2008 年，美国次贷危机爆发，倒逼兴业银行思考未来方向……然而，危机的另一面是兴业银行较早地解决不良资产的问题，从危机中获取经验，将风险始终放在第一位，重视流动性，坚持稳健经营。

衡量一家银行的领先性，不仅是看它从 0 到 1、从小到大的成长结果，更要看它从成长到成熟的蝶变过程，尤其是穿越危机的能力。

透过历史上的数次危机，回头总结，为什么兴业银行有如此顽强的生命力？

答案来自几个方面：自我变革、由危转机以及兴业人的团结力量。

第一，危机之下，主动求变，大胆向内。

我们从历次危机中都能看出兴业银行的自我变革能力。尤其是 1997 年亚洲金融风暴后，兴业银行很好地解决了不良资产的历史问题，为上市做好充足准备，同时，在银行的经营风险上，树立起全行的底线思维，再一次强化银行经营的"三性"，尤其是流动性的风险意识。

亚洲金融风暴对中国银行业的影响深远，当时银行业的不良资产包袱沉重。1997 年 11 月，第一次全国金融工作会议提出，用三年左右的时间解决中国金融业的风险问题，1998 年，对于不良资产必须动刀子，并对银行进行"外科手术式的改革"。

兴业银行当时邀请安永会计师事务所根据国际上的风险分类法，全盘普查，而结果显示，总体资产违约率和不良资产总额在当时的行业内还算情况比较好。

为了解决不良资产在内的历史问题，兴业银行在盘清家底之后，锁定风险范围，针对性落实责任，同时建立激励制度，以此化解不良。

亚洲金融风暴给兴业银行的每一个人都上了一课，众人意识到风险控制的重要性，也意识到要依法经营、稳健经营、合规经营，深知对于一家银行而言，三性——流动性、安全性、盈利性就是生命线，尤其要重视流动性风险。

2020 年在全球大变局与大疫情的情况下，兴业银行同样展现出此种魄力。在严峻考验中，保持战略定力，持续构建三个"生态圈"，同时强化内部科技、风控、研究、协同"四个赋能"，不断推动"商行 + 投行"落地。历经劈波斩浪，兴业银行在经济艰难时刻发展趋向不降反升，总资产、总负债均呈两位数增长，不良贷款率与不良余额近 5 年内首次双降，表内外资产质量也具备可持续性，这为兴业银行在新时期的发展提供了更多底气。

第二，在危机中迎难而上，努力将"危"转为"机"。

2008 年美国次贷危机发生后，传递效应蔓延全球。兴业银行提出，按商业银行的规律办事，在业务上提出抓主流市场、做主流业务。当时国家宏观政策背景是，为了保证经济稳定发展，4 万亿计划推出，兴业银行主动转型，积极拥抱房地产和政府融资平台，在房地产和地方政府融资平台业务领域里大展拳脚，大力发展房地产信贷业务，实现快速发展。

2013 年 6 月，中国银行业出现流动性资金不足的情况，爆发"钱荒"事件。在行业风波面前，兴业银行早有预判，在银行间利率出现飙升苗头时，分析形势，抢先一步提前部署行内机制落地。在风波引爆时，利用自身构建的银银平台的同业优势，不仅自身没有出现流动性问题，还为金融市场稳定做出积极贡献。兴业银行在"钱荒"事件中的超强决策力与行动力，进一步奠定了兴业银行的行业地位。

第三，如何化解危机？团队的力量。

历次危机来临时，兴业银行无论是一线成员还是领导班子成员，都表现出强大的团结精神，共同面对难关。团结合作、抱团取暖，是兴业银行的显著特点，这在危机中体现得尤其明显。亚洲金融风暴爆发后，兴业银行也出现过流动性紧张的情况，但兴业人此时展现出了极强的合作精神，分行和总行联动，全行一盘棋，大家一起上，共同解决问题。

任何一家银行从出生的那一天起，就注定要与风险"共舞"，又或者说银行就是在经营风险。银行是高度顺周期的行业，经济环境好时，银行在支持经济发展的同时也从中受益匪浅，往往比经济发展更为快速；当经济进入低谷时，信用风险集中暴露，银行流动性紧张和盈利性下降，部分实力较弱的银行可能面临"生存危机"。

疾风知劲草，"从严治行"是兴业银行治行方略的第一条，兴业银行 35 年来也经历过诸如开业之初的国家经济治理整顿、1997 年亚洲金融风暴、2008 年全球金融危机、世纪疫情等若干次宏观调控、全球性金融危机和"黑天鹅"的冲击，但都平稳渡过。

恩格斯说："没有哪一次巨大的历史灾难不是以历史的进步为补偿的。"历史告诉我们，金融风云波谲云诡，危机四伏，灾难过后，方显担当。

兴业银行在 35 年来之所以能够穿透周期，穿越危机，背后离不开兴业智慧、兴业格局、兴业担当，归根结底是兴业银行人的奋斗。

第五节　探路者、实践者、奋斗者

自力更生，艰苦奋斗，披荆斩棘，步步为营，走过万水千山，兴业银行创造出举世瞩目的中国金融奇迹。兴业银行是中国金融体制改革的探索者、实践者，实体经济的建设者，更是勇毅前行的奋斗者。

作为中国金融体制改革的探路者，这与兴业银行出生时肩负的使命"为金融改革探索路子，为经济建设多做贡献"紧密相关。35 年来，兴业银行立足国情，从中国实际出发，准确把握住中国金融发展特点和规律，走出一条具备兴业银行特色的金融发展之路，亦是中国特色金融发展的实践。

在中国推动商业银行改革初期，兴业银行拥有金融市场化改革产物的属性和股份制企业的"身份"，"按照市场规则、国际惯例与国际规范，建立新型的股份制商业银行"，由于发展毫无先例可鉴、定规可循，它从一开始就在市场的摸爬滚打中求生存，在尊重市场规律的前提下谋发展，白纸上画蓝图，而这些反过来也锻造了兴业银行强劲的内在生长和自我发展能力，例如成为中国首家"赤道银行"，率先探索绿色金融发展之路；创新路径进行资本金补充，为国内银行开创资本金融资渠道；在发展资本市场大势之下，兴业银行率先进行银证合作，并创造性构建银银平台。

不墨守成规，突破惯性思维，兴业银行一系列的改革创新，不但推动兴业自身快速发展，创造了中国金融业发展的"兴业模式"，更为中国金融事业的繁荣发展作出直接贡献，为中国建立健全金融机构体系、市场体系、制度体系，增强金融体系国际竞争力提供了生动实践。兴业银行的探路，打造差异化发展样本，破解金融同质化困局。

兴业银行是中国金融体制改革的实践者。从资产负债管理，到信贷资产五级分类管理，到资本约束管理，再到公司治理和体制机制改革，深度参与绿色金融、乡村振兴、共同富裕……国内银行的每一次重大改革、管理创新，兴业银行都是第一批实践者，甚至是作为首吃螃蟹的实践者。

兴业银行是中国经济的建设者。"金融活，经济活；金融稳，经济稳""经济兴，金融兴；经济强，金融强""经济是肌体，金融是血脉，两者共生共荣"，金融是实体经济的血脉，为实体经济服务是金融的天职。

尤其是党的二十大召开后，服务实体经济这一金融本质更加深入人心。而兴业银行在金融活动开展中，始终以实体经济为导向，不断提升金融服务质量。

例如在提升服务实体经济效能上，兴业银行以绿色为发展底色，引导更多金融资源配置到绿色发展领域；重点支持高新技术等新兴产业，支持先进制造业集群发展；转换风险授信理念，整合金融、非金融要素资源，加大力度服务生物医药、清洁能源等"新赛道"企业。在统筹政策落实与金融服务上，兴业银行遵循"稳就业、稳市场"一揽子政策，在普惠金融领域加大投入，并运用数字化技术构建数据驱动新模式，提供服务实体经济的效率。在房地产市场支持上，兴业银行贯彻国家房地产金融政策，运用多样化融资方式，在满足房地产行业的合理融资需求的同时，也能维护住房消费者的合法权益，协调供需平衡等。

企业是社会的一个细胞，必须使其对社会的贡献获得承认，获得社会各种形式的资源支持。一个企业只有社会长期需要其贡献时，才能持久经营，做到基业长青。兴业银行以服务实体经济、不断满足人民对美好生活的向往为金融工作的出发点和落脚点，与实体经济同频共振、共生共荣。

作为福建土生土长的银行，兴业银行早期扎根八闽，以服务福建经济建设为己任，不仅贷款帮助修桥铺路，还贷款支持了一大批本土企业规模不断扩大，成长为各自领域的领军企业。经过 35 年发展，兴业银行进一步成为服务福建，全方位推进高质量发展当之无愧的金融主力军。2022 年，兴业银行成立福建管理部，并助力福建金融服务"四大经济"（数字经济、海洋经济、绿色经济、文旅经济），为新发展阶段新福建建设再添动能。截至 2022 年 5 月末，兴业银行在福建省内各项贷款余额超 1.4 万亿元，同比增长 25%，通过地方债投资、债券承销与投资等多元融资方式提供融资余额超 4400 亿元，其中福建省内"四大经济"贷款余额 1377 亿元，同比增长 28.6%。^①

中国金融体制改革探路者、实践者、中国经济的建设者，或许很多人认为兴业银行很幸运，它赶上了发展的好时机，但如果稍微做一个横向比较就必须承认，它的成功不仅是因为抓住了时代发展的红利，更是因为兴业人发挥主观能动性，在机遇与挑战面前敢于亮剑，才成功把握住了大的发展机遇，规

---

① 王珞. 聚焦"四大经济"兴业银行为新福建建设再添动能[EB/OL]. (2022-06-18)[2023-10-13]. https://www.cs.com.cn/yh/04/202206/t20220618_6278243.html.

避了大的发展风险，使各项业务持续快速健康发展，规模、质量、效益、自主创新等在国内银行中都保持较高水平，书写出波澜壮阔的兴业时代。

天时地利固然重要，但在同一蓝天下机遇面前人人平等，最终决定兴业银行高速发展的因素，最可贵的就是"人和"，这也是深度认识、探索兴业银行从地方银行成长为全球头部银行的最值得研究的因素。

兴业银行是在金融行业弯道超车的奋斗者。归根结底而言，兴业银行的成功，是兴业人的奋斗成功。拼搏、奋斗、砥砺前行，一支能征善战、充满活力的团队，一代代的兴业人永续接力，因此创造了中国金融界的兴业奇迹。

历经风雨考验的企业，无一例外都是真抓实干起来的，时代的确给了这些企业机遇，而他们要真正抓住机遇，翻山越岭，披荆斩棘，把事业推向一个又一个新高度，既需要智慧，也需要勇气，更需要执着的理想信念和家国情怀。

虽然金融市场瞬息万变，千帆竞流，改革者辈出，尽管市场中总有一只看不见的手在调节，换位、浮沉、折戟江河屡见不鲜，但兴业银行却在这场大浪淘沙中，凭借着爱拼会赢的传统，含辛茹苦、创新争先，成为中国商业银行发展历史中极为重要的、耀眼的一笔。

生于大时代，长于改革开放，兴业银行与中国经济同频共振，在全球银行业中的发展跑出高质量"加速度"，它用 35 年时间从中国东南一隅的地方银行、区域银行到全国银行、上市银行，"赤道银行"、集团银行和系统重要性银行多级跨越，兴业银行走过一条极不平凡的发展道路。

第二章

"四个跳出"
与跨越式发展

1988 年 8 月 26 日，福建兴业银行在福州华林路 17 号开业，全行 68 人挤在简陋的小楼里办公，"开业一周只来了一名储户，存了 4000 多元！"①

2023 年 3 月 30 日，兴业银行发布 2022 年年报：总资产突破 9 万亿元，零售客户突破 9100 万，个人存款首破万亿。

谁能预料，35 年时间，一家地方小银行会成长为中国主流银行集团、跻身全球银行 20 强、世界企业 500 强。

兴业银行历经 35 年发展，从名不见经传的地方小银行一步一个脚印，跻身全国性股份制银行第一阵营，成为中国金融改革与发展的时代缩影和成功样本。

放眼全球市场，如此变化都堪称奇迹。

回溯发展历程，其奇迹究竟如何锻造？

---

① 海峡都市报社. 家门口的兴业银行，20 岁了！[EB/OL]. (2008-08-08)[2023-10-13]. http://www1.cib.com.cn/cn/aboutCIB/about/news/2008/20080808.html.

兴业银行过去 35 年的发展可以分成四个步骤，又或者可以概括为"四个跳出"：跳出机关办银行；跳出存贷办银行；跳出银行办银行；跳出金融办银行。尽管"四个跳出"是线性发展，不断把兴业银行推向新高度，但他们并没有严格的时间断线，而是一个持续进化的过程。

"四个跳出"是兴业银行坚守初心使命的创新探索，它跳出传统，打破常规，在高质量发展道路上踔厉前行。

第一节　跳出机关办银行：摸索市场化

1993 年 11 月，中共十四届三中全会通过《关于建立社会主义市场经济体制若干问题的决定》，这个具有里程碑意义的决定确定了要"在本世纪末初步建立新的经济体制"。

1994 年被称为"改革年"，其中一项影响全局的改革便是银行改革。改革的具体内容是：让银行摆脱地方政府干预，把人民银行办成中央银行、专业银行办成商业银行、成立独立的政策银行承担政策性贷款。

然而，实践并非一帆风顺。国有专业银行（工农中建）的管理体制此前都是对照国家机关体制设置，自身带有浓郁的行政色彩。孙冶方经济科学奖第六、九、十一届获得者、中央汇金前总经理谢平在 2008 年回顾国有商业银行改革三十年时直言：1978—1993 年，国有专业银行开始企业化改革，尽管开始了由机关式管理方式向企业化管理方式过渡的探索，但从实践来看，改革成效并不显著，银行距离真正的企业仍有相当大的差距。

国有专业银行在服务上也带有浓烈的机关作风，当时人们评价道："门难进，脸难看，事难办""手续之多，超出人想象""客户跑几十趟仍跑不下来一个公章、一个证明"……

在上述诸多因素作用下，兴业银行一边为"金融改革探索路子"，一边为求得生存想尽办法，"跳出机关办银行"是形势所迫，也是主动为之。兴业人认为，既然其他银行是机关化的，那兴业银行就不能是机关化。

为改变兴业银行带有行政色彩的管理体制，兴业人上下求索，开拓创新，坚持统一法人制度、坚持"四自"原则，努力把银行办成真正的银行。

今天来看，坚持统一法人制度是中国银行业建立现代企业制度的必须之举，但在当时却是一个相当不容易的决定，兴业银行其实也经历过一番短暂的徘徊。

20 世纪 90 年代，受早期改革中"分权让利"模式影响。彼时，有的专业银行实行两级法人，股份制商业银行又处于初创发展阶段，企业制度处在摸索阶段。

随着市场化推进，两级法人制的弊端日渐突出。各家银行，尤其是包括兴业银行在内的刚成立的股份制商业银行，就实行多级法人管理体制还是统一法人体制进行着激烈的探讨。

多级法人制优势在于作为股东的各市县财政局在分支机构掌有大权，对银行的支持力度很强，让银行在较短时期内得到快速发展，对于初生银行有利。但是多级法人制度也存在诸多隐患，如总分行间的规章制度与政策执行不一致、风险管理存在掣肘等。

最终经过讨论，兴业银行果断放弃多级法人制。后来中国银行业发展实践证明，兴业银行率先坚定走统一法人制度是十分明智的。

统一法人制度成了兴业银行很重要的一条经营主线，从根本上保证了总分行的统一协调行动，让各经营机构和部门最大限度地运用各种资源，实现全行经营业绩的最大化。此外，在促成兴业银行机关式管理方式向企业管理方式让渡的同时，更为之后兴业银行引资上市，走上现代化发展之路创造了良好条件。

统一法人制度最关键的授权制度是坚持有限授权、区别授权、权责一致、及时调整四个基本原则。兴业人也深知其重要性，认为打好基础的前提就是解决制度问题，没有制度永远都是小企业。

由于有了最初的制度舞台，全行业务完整、制度保障，为下一轮规模化的高速发展打下了良好基础。此后，兴业银行逐步建立起配套制度，较早地拥有一套完整的制度体系，真正实现了"以制度为舞台"。

除坚持统一法人管理制度外，兴业银行还是中国最早采用股份制这一现代企业组织形式的商业银行之一，打破了传统的"大锅饭、铁饭碗、铁交椅"，为中国银行现代企业治理开创了"兴业样本"；在成立之初，便虚怀若谷，学习借鉴国外银行发展经验，建立起"三会一层"①的公司治理架构，为兴业银行迈向现代化企业治理打下坚实基础；因时而变、修改完善公司章程，增资扩股、优化公司股权结构，兴业银行走上更科学合理的发展道路，为之后走向国际舞台埋下伏笔。

在服务上，兴业银行很早就有"服务立行"的意识，改变经营风格，摆脱机关化服务，把"服务第一、客户至上、信誉卓著"作为经营服务理念。这种一改过去国有大行"等客上门、高高在上"的服务面孔，用主动服务、上门服务、优质服务打动客户的服务模式，在当时引领了行业新风气，缔造了一种新的商业银行服务模式和发展逻辑。

在兴业银行初创期，无论是刮风下雨还是烈日当头，兴业

---

① "三会一层"指股东大会、董事会、监事会和高级管理层。

人经常骑着一辆自行车穿梭在大街小巷，只为给客户带去更好的服务与体验。一时之间，兴业人这种真诚、热情的服务成了当时兴业银行区别于其他银行的鲜明特征。

通过经营风格的转变，兴业银行的客户渐渐多了起来，业务也随之而来。当时，很多同行们常说："我们的业务又被兴业银行抢了！"客户的积累，业务量的增加，成为支撑兴业银行走过最艰难的创业初期的重要基石。

在跳出机关办银行的发展路径下，兴业银行逐渐从机关化向现代企业化转型，同时也对兴业银行和中国金融业产生了深远影响。

对兴业银行来说，跳出机关办银行帮助兴业人走过了最难的艰苦创业阶段，活了下来，并赢得了更大的发展空间。

对中国金融业而言，跳出机关办银行是兴业银行为中国金融改革探索路子的一步跨越，不仅证明了中国金融业市场化改革的正确性，更为中国金融机构发展提供了"兴业模式"。

第二节　跳出存贷办银行：夹缝里的蓝海捕手

在跳出机关办银行之后，兴业银行将"为金融改革探索路子"的初心使命第二次具象化，升级为"跳出存贷办银行"。

回头来看，"跳出存贷"在当时而言是一个比较冒险却必要的举动，这是一条少有人走的道路。

1993 年，国务院颁发《关于金融体制改革的决定》，在计划经济体制向市场经济体制转轨的大背景下，金融业大步朝着市场化前进，最显著的一个特征就是股份制商业银行开始向全国化布局。

1996 年，兴业银行启动了上海分行的筹建工作。从区域性银行发展为全国性银行，可不是多开几家分行、多成立几家网点就能解决的问题，业务支撑在哪儿？资金在哪儿？突破点在哪儿？仍困扰着一众股份制商业银行。

彼时，在人们认知中，银行主要业务就是存贷汇，其他业务都是"歪门邪道"。但传统的工商信贷和储蓄、农业信贷、外汇业务、基本建设信贷领域，几家国有大行凭借自身资产规模雄厚、营业网点数量密集、国家信用背书牢牢占据"天时地利人和"，股份制银行与其相比几乎没有任何优势，意味着不跳出"存贷汇"的圈子，兴业银行只能做一些"拾遗补缺"的业务。

早几年登陆上海的兴业证券，给了兴业银行一个重要的启示。彼时中国资本市场刚刚萌芽，上海证券交易所也在探路，无论是业务、系统、操作流程都要慢慢建立起来。初创时期的证券市场，还没有引起国有大行的关注。

这里不得不提到兴业证券的历史背景。1990 年，在上海证券交易所正式成立的同一年，兴业银行获批开办证券业务，1991 年 5 月，兴业银行成立证券部，7 月，成立上海证券业务部，曾经一度被誉为"上海资本市场四小龙"。1994 年 8 月 30 日，兴业银行决定在原证券交易营业部的基础上，全资设立福建兴业证券公司，专营服务资本市场，自此，兴业银行拥有了第一家专业金融子公司。

此时还没有人预料到，在兴业的发展史，拥抱证券是如此重要。它既关乎兴业的"二次创业"，也是差异化创新业务的"先行军"。

1994—1998 年期间，兴业证券相继为福州东百、中国武夷、实达电脑等多家企业在资本市场累计筹集建设资金 43 亿元，发行中长期企业债券筹措资金超 7 亿元，成为兴业银行旗帜上的耀眼明珠。兴业证券为兴业银行利润贡献非常大，最高峰时一度占到全行总利润的 60%。1999 年 7 月 1 日生效的《证券法》重申证券业、银行业、信托业、保险业实行分业经营的监管要求，兴业银行与兴业证券脱钩。1999 年 12 月 19 日，福建兴业证券公司改制增资成立兴业证券股份有限公司，成为《证券法》颁布后证监会首批核准设立的全国性综合类证券公司之一。

回过头来说，早期兴业证券在资本市场的探路，使得兴业银行敏锐地捕捉到资本市场的机会，也成功与上交所开启证券资金清算业务合作。

1996 年 5 月 2 日，兴业银行上海分行同总行营业部一起，与上海证券交易所、福建省证券交易中心签订了代理证券清算协议（简称"四方协议"），独家代理福建地区券商上海证券交易所资金清算业务。这是兴业银行开展同业业务签订的第一份协议，象征着兴业银行在股份制商业银行中率先正式介入资本市场银行服务业务，成为上海证券交易所证券资金清算指定结算银行。

除存贷汇之外，兴业银行还找到了证券资金清算与第三方存管的新市场。随后，兴业银行把上海分行模式成功复制到深圳分行，此举兴业银行顺利突破专业银行市场垄断，更为未来同业业务振翅高飞打下基础。

传统存贷之外，仍有蓝海。

证券资金清算业务令兴业银行率先发现资本市场广阔的发展空间，即使规模小、网点少，兴业银行仍旧把证券清算业务做到了市场前三位。在长达二十余年的时间里，兴业银行作为上海证券交易所和深圳证券交易所的主要清算银行，日均清算市场份额 10%—15%，平均市场份额高达 12%。

跳出存贷的第一步，兴业银行走得非常成功。

跳出存贷第二步的转折点便在资金营运中心的成立。2003年11月，兴业银行资金营运中心成立，这是中国首家单独领取金融许可证和营业执照，独立核算、自主经营的银行综合性、专业化的资金运作机构。借助资金营运中心可开展资金业务，业务范围涵盖本外币同业拆借、同业存放、债券回购、票据贴现与转贴现、信贷资产转让、债券发行、本外币债券承销与买卖、外汇买卖以及金融衍生产品等中国银监会批准经营的各类资金业务。资金营运中心成立后，兴业跳出存贷，从此被赋予了崭新的内涵，业务范围大大扩张。在很长一段时间内，资金营运中心都是兴业银行内部盈利能力最高、人才实力最强的机构，它也成为连接兴业银行传统商业银行业务和资本市场新兴业务的桥梁。

在国有大行为存贷汇市场激烈竞争时，兴业银行悄然转身实施综合化经营，在金融市场这条道路上与中小银行、券商携手并进。值得一提的是，而后兴业银行的绿色金融业务，大投行、大资管、大财富和"商行＋投行"战略，皆是沿着这个脉络诞生。

既然业务已经跳出了"存贷圈"，那么架构机制就不能继续固守存贷模式，必须因变制变。存贷汇业务，银行凭借自身资源禀赋，"以产品为中心"并无不妥。如果要面向金融市场、资本市场，企业、产品、客户的关系发生了根本性变化，产品为核心必须转向以客户为核心。

在体制机制方面，兴业银行把组织架构分为前中后台相互制约的形式，将风险与业务紧密结合，例如在企金、投行、零售等部门都内嵌风险部，以此成为业务背后的架构支撑。同时，设立北京、上海、福州三总部，加大人才的吸收与培养，以此成为业务背后的人才支撑。过去组织架构太小，不适合向全国发展，经济基础变了，上层建筑也应该有相应调整。

跳出存贷，跳到哪儿？早在千禧年初，兴业银行就果断把触角延伸至存贷汇以外的业务，在夹缝中跳出了一条具有中国特色金融的发展道路，跳出一个现代银行综合化的雏形，为国内银行业提供了一个极具参考价值的兴业范本。

"化而裁之谓之变，推而行之谓之通，举而措之天下之民，谓之事业。"兴业银行跳出存贷办银行既是去除机关化、探索现代企业治理的继承，也为兴业银行下个十年实行综合化经营奠定基础。

第三节　跳出银行办银行：综合化经营的"兴业模式"

"跳出银行办银行"是兴业银行快速布局非银金融机构的过程，也是综合化经营的路径，兴业银行形象地称之为从"单兵突进"到"集团军作战"。

兴业银行的综合化经营顶层设计在 2008 年，明确提出，落实兴业银行 2006—2010 年发展规划，加快综合经营步伐，实现业务经营多样化、集团化，推动兴业银行由商业银行向综合金融服务集团转变。举一纲而万目张，有了行动纲领，依托于母行这艘航空母舰在综合经营道路上开始运筹帷幄，精心布局。

从 2010 年首家独资子公司兴业金租获批成立，到 2022 年兴业国信资产管理有限公司调整为一级子公司，用了 12 年时间，兴业银行完成综合经营战略的全面布局，形成以银行为主体，涵盖信托、金融租赁、银行理财、基金、期货、资产管理（AMC）、消费金融、研究咨询、数字金融等在内的现代金融服务集团，下设 11 家直管子公司，更好地为客户提供一揽子金融服务，走出了综合化经营的"兴业模式"。

大势所趋：从分业经营到综合化经营

综合经营是金融市场开放和融合下的必然趋势，是站在公司整体经营的角度，以多元金融综合经营的战略选择，是金融机构发展到一定阶段，在规模经济、范围经济与协同效应下实现多元金融需求的有效融合。

国际金融业混业经营为主流趋势，但也历经分业与混业之争。以美国为例，1933 年美国的《格拉斯·斯蒂格尔法案》使美国金融业形成银行、证券分业经营模式，直接导致美国银行业多年难敌欧洲全能银行的挑战，诺贝尔经济学奖获得者默顿·米勒教授直呼这是"美国银行体系的悲哀"，而后 19 世纪 80 年代的金融脱媒促进了金融创新，美国金融业走向综合经营。

中国银行业的综合经营从 1984 年国务院组织研讨，到交通银行内部试点，又到大环境下被迫分业经营，再到综合经营的开放，简单来看，这是银行业关于专业化经营到综合经营的路径选择，实际上蕴含着中国银行业关于综合经营的深刻思考与探索。

这样的思考来自外部环境的变化。

20 世纪 80 年代中国物价上涨和通货膨胀，导致银行业改革早期的综合经营走得并不顺畅。1997 年亚洲金融风暴的爆发，我国金融领域多年来积累的矛盾和风险也开始显现。中共中央、国务院于 1997 年底下发了《关于深化金融改革整顿金融秩序防范金融风险的通知》，严格规范各类金融机构业务规范，坚决整治混业经营状况，要求所有商业银行在 1998 年底前，与所属的信托、证券、保险公司和其他经济实体在人、财、物等方面彻底脱钩。自此，分业经营格局正式确立。兴业银行在这一时期为符合监管要求，将兴业证券拆分出去独立经营。

但是，随着金融行业的发展，利率市场化、金融脱媒、互联网金融兴起等都驱使商业银行朝着集团化发展、综合化经营之路去探索。尤其是中国加入 WTO 后，面临全球化金融行业竞争，国内商业银行的综合化经营不仅是一种需要，更是一种趋势。2002 年，国务院率先批准中信集团、光大集团、平安集团成为三家综合金融控股集团，国内综合化大幕开启，此后，我国相继在政策上为商业银行综合化经营营造发展空间，综合化经营浪潮不可逆转，尤其是 2008 年"十一五"规划纲要中明确提出"完善金融机构规范运作的基本制度，稳步推进金融业综合经营试点"。兴业银行一举抓住政策东风，在综合经营方面积极应对、做足准备。

总结来看，兴业银行之所以能在短短十数年内，完成综合经营整体布局，并走在行业领先，背后离不开兴业银行在大环境下的战略抉择与顶层策略设计。

首先，兴业银行综合经营这盘棋看得远、谋划好，离不开兴业银行审时度势，对外部形势的精准判断。其一，对金融体系市场化的趋势研判。深刻认识中国金融体系市场化、多元化发展的必然趋势，主要表现为：一方面人民币利率市场化进程逐步加快，这既是金融市场趋于健全、金融竞争更趋深化的必然结果，也是直接融资市场、直接融资工具进一步快速发展，对传统银行信贷市场、传统银行信贷产品构成强大竞争的必然结果。另一方面，金融脱媒现象越来越明显，变化越来越显著，走大型集团综合经营道路是必然选择。其二，对金融市场需求深刻变化的精准理解。随着国民经济发展，客户对综合化服务的需求愈发强烈。坚持以客户需求为驱动，以合规经营为底线，大胆推进跨市场、跨行业、跨境内外和本外币的产品创新，提升差异化经营和服务能力。其三，对不同金融主体之间的兼并、收购和重组潮流的把握。中国银行业的发展一定会进入到资本市场并购阶段，这种并购，既包括纵向的并购，即对其他银行的并购，也包括横向的并购，向基金业务、证券业务、保险业务去渗透和发展。

其次，综合经营这条路走得稳、立得牢，离不开兴业银行对自身的优势发挥。一是充分发挥市场敏锐性高、创新力强和反应速度快的优势，积极介入资本市场、货币市场、债券市场、银行间市场、非银行金融机构市场、贵金属、外汇及衍生产品交易等各个市场，努力形成多市场服务能力，在新兴市场抢抓机遇，敢于领先；二是切实发挥集团化经营优势，持续培育多市场、多产品、综合化服务能力。立足集团内部不同法人主体以及银行内部不同机构的核心优势，强化专业分工，鼓励集团内部不同主体之间共享资源、优势互补、联动发展。三是依托于科技支撑，用科技手段，发挥 IT 作用，将商业银行在金融综合经营的渠道优势和客户优势发挥出来，有效提高交叉销售，实现金融综合的目标。

高瞻远瞩的布局，守正出奇的战略，兴业银行在综合经营道路上切切实实走出了一条适合自己发展的独特模式。

综合化经营的"兴业模式"

"兴业式"综合化经营第一大特征体现在道——战略模式选择。

国际上比较有影响力的综合性金融集团，主要都采取以商业银行为核心构建，如花旗银行、瑞银、汇丰银行以及德意志银行，兴业银行采取这一路径，始终以银行为核心构建，即以银行为母体，实现对基金、信托、租赁、期货等非银行领域的渗透和融合。

这一模式非常重要。当时国内银行采取的综合化经营路径分为几种，一种是浅层次的业务合作，银行与非银行金融机构在业务上共同开发综合性产品并代理销售，还有一种是大型企业集团组建控股公司，集团控股的银行、信托、证券、基金、保险等子公司分别开展金融业务，中信集团、光大集团、平安集团都属于这种模式，其他还有与海外机构合资成立公司等模式。

而后实践证明，兴业式综合化经营在模式选择上就显现出极大的优势。与中信集团、光大集团、平安集团等在集团下设各子公司的"兄弟"关系不同，兴业银行是以银行为主体，涵盖诸多金融市场服务领域，围绕金融要素市场，形成子公司阵营，这种"母子"关系具有超强的"母子"联动、一体化、业务互补等制度优势。

"兴业式"综合化经营第二大特征体现在法——发展路径。

坚定用新建或并购形式设立非银行金融机构，原则上都要采取股份有限公司的企业组织形式，兴业银行必须是绝对控股或成为实际控制人。

新建或并购方式上体现出兴业智慧，从当时的监管背景来看，按照《中华人民共和国商业银行法》第四十三条规定，"商业银行在中华人民共和国境内不得从事信托投资和证券经营业务，不得向非自用不动产投资或者向非银行金融机构和企业投资，但国家另有规定的除外。"如此可见，按照现行法律和政策，商业银行综合经营受到严格限制。

兴业银行抓住机遇，从两条发展路径实现集团化经营布局。一是利用国家特殊金融政策允许金融业在经济特区进行综合经营试点的机会；二是利用信托牌照，设立或独资控股一批非银行金融机构。

《规划》指出，按照条件具备、先易后难的思路，迅速跟进，全面进入。这一指导意见堪称路线图。在这种思路下，兴业银行利用一些经济区域已经申请到国家特殊金融政策允许金融业在该经济区域内进行综合经营试点的时机，加快布局，在短时间内就完成了综合化经营战略。

并进的是，兴业银行抓住信托牌照优势，开启其他非银行金融的设立。

信托牌照价值高，拥有综合化经营的多种优势，可以横跨资本市场、货币市场和实业市场，为客户提供多元化的金融服务。在海外，信托公司被称为"金融百货公司"，理论上既可以经营银行业务，也可以经营证券业务、保险业务、期货业务等，拥有制度优势。

为拿下信托牌照，兴业银行可谓历经千辛万苦。

早在 2008 年初，兴业银行就开始在全国范围内物色适合的收购对象。同年 12 月，兴业银行初步看重福建省联华国际信托有限公司（简称"联华信托"）为合适对象，开始开展尽职调查、和原股东进行商务谈判等。

联华信托原本是福建省属（不含厦门）原 8 家信托公司经过清理整顿后重新登记的唯一一家信托公司。但由于历史遗留问题影响，2009 年联华信托各项业务陷入停顿，经营业绩每况愈下，主要经营指标均居全国信托业末尾水平。为及早改变这种局面，2009 年 9 月在完成股权受让商务谈判后，兴业银行受联华信托主要股东的委托，正式向联华信托派出管理团队，着力改善公司治理和经营管理。委托管理期间，兴业银行付出切实行动改变公司经营，证监会最终审批通过兴业银行的收购申请。①

2011 年 6 月，联华信托正式更名为兴业国际信托有限公司，兴业银行成为在《商业银行法》与《信托法》发布后，成为首家控股信托公司的全国性股份制商业银行。

自此，兴业银行以信托牌照为持股平台，利用这张宝贵的牌照资源，不仅陆续设立、投资控股了一批非银行金融机构，还通过间接与直接的形式参与了非银行金融机构。

如今，兴业银行在短短数十年内，兴业银行已拥有八大类业务牌照，设立 11 家总行直接管理的子公司，分别是兴业金租、兴业信托、兴业基金、兴业消金、兴银理财、兴业国信资产、兴业期货、兴业数金、兴业研究、兴业资管、兴业普惠，真正从"银行的单兵作战"转换为"集团兵作战"，有了一副打好综合化经营"组合拳"的好牌，使得自身在集团化、综合化经营的过程中，始终走在股份制商业银行前列。

"兴业式"综合化经营第三大特征体现术——业务互补、总分联动。

兴业银行的一个重要原则就是始终围绕金融主业，为金融主业服务。目的是为客户提供全方位、一站式金融服务，各子

---

① 朱中伟. 打造海西金融旗舰服务海西经济建设[EB/OL]. (2011-02-11)[2023-10-13]. https://www.cib.com.cn/cn/aboutCIB/about/news/2011/20110211.html.

公司始终围绕客户多元化需求，实行优势互补。

在金融衍生品市场上，兴业期货充分利用牌照优势，为集团在客户服务手段上、功能上进行补充，满足差异化的竞争需要，更好地服务集团以及客户。

在资本市场上，兴业国信则在新时代背景下，成为全行PE投资的重要抓手，赋能兴业银行"商行＋投行"战略升级2.0。兴业金租在营销上对外是持牌公司、对内是产品部门，做传统信贷做不了的空白产品，做中长期融资产品和发展战略里重要领域的产品。在总行配套设施下做好银租一体化，使兴业金租与银行在业务上整合营销、分工协作、共同服务、共享利益、共担风险。兴业基金则在大资管行业变革时代中，加快战略转型与自我革新，以长期且稳健的业绩回报投资者，助力投资者实现财富自由。兴银理财坚持打造客户类型、投资市场、主流策略全覆盖的理财产品，构建多元价值坐标系，满足集团客户财富管理需求。

在非银行金融机构市场上，兴业研究充当"智库"，给予集团投资与决策意见支持。兴业数金聚焦科技运用，向整个集团输送研发与服务支持，深化科技与业务协同，助力兴业银行数字化转型。兴业消金对于总行的价值在于是金融市场主体的有力补充，因其服务的客户与银行服务的客户有差别，兴业消金服务的大部分客群进不了银行门槛，但消费金融行业门槛低、便捷、效率高，而且额度刚好满足这方面的客群。兴业普惠聚焦于小微、三农等普惠客户，与总行携手，为其提供综合性金融服务方案，助力"共同富裕"的实现。

总体来看，当兴业银行在市场站稳脚跟，实现规模化之时，跳出银行办银行，体现的是其大局观、战略思维，如同庄子在《逍遥游》中所述之"鲲鹏"，兴业银行胸怀"鲲之大，不知其几千里也"的志图高远，"水击三千里，抟扶摇而上者九万里"的决胜之心，才能在综合经营道路上精心布局，实现各子公司的起步与腾飞，始终以集团为核心，以满足客户综合金融服务需求为根本，充分运用集团的客户优势、渠道优势、资金优势、科技优势、品牌优势，使各子公司在集团金融服务谱系中找准定位，大放异彩。

第四节　跳出金融办银行：起于金融，归于场景

实际上，从跳出机关办银行，到跳出存贷办银行，跳出银行办银行，兴业银行始终未脱离为经济社会发展提供金融服务的初心。每一次"跳出"，服务效率变得更高、体验变得更好，服务内容变得更丰富，唯一不变的是金融服务本质。

2018年，金融业专家布莱特·金在其"银行X.0"系列封笔之作——《BANK4.0》中写到"银行来到了一个需要不断

改变以适应客户需求的世界",昭示着场景金融时代即将到来。而在该书的封面上,赫然写着"金融无处不在,就是不在银行"(Banking Everywhere, Never at a Bank)。

这句意味深远的话准确地描绘出一个正在发生的事实。以中国为例,当21世纪进入第二个十年时,拥有大量生态圈非金融场景的互联网科技企业,如阿里巴巴、腾讯、百度、京东等,从自身场景高歌猛进至金融细分业务领域,通过将金融产品嵌入生态的模式,带给传统银行极大的挑战。

互联网科技企业生态圈可以理解为"非金融场景 + 金融"的结构,而银行的生态圈则是"金融 + 非金融场景"。乍看之下,两者内容毫无差别,但两者的侧重点及概念内涵上存在着明显差异。具体而言,金融场景就是将商业银行的金融服务下沉到相关非金融服务中,进而打造一站式服务与极致消费体验,敏捷响应、高效满足特定客群需求。

2022年8月,中国银行在《金融场景生态建设行业发展白皮书》的基础上,结合自身与同业的经验,发布《金融场景生态建设行业发展白皮书2.0》(以下简称《白皮书2.0》)。《白皮书2.0》提出,金融机构建设金融场景不能脱离服务实体经济、服务民生的初心;以客户为中心打造一站式体验的关键,是金融机构以开放平台模式与合作伙伴共建生态,从优势领域出发，将专业金融服务能力无缝融入非金融场景。①

可以看到，无论金融还是非金融，最终落脚点依然在服务的质量与效率上。

兴业银行面对银行业迭代升级的历史转折点，适时提出"跳出金融办银行"，通过提升服务质效，参与到更多的非金融业务和非金融场景建设，获得更多提供金融服务的机会，也是兴业银行自我革新优化金融供给、主动求变实现竞争突围的必然选择。

在过去线下市场占据主导的时代，银行业在非金融服务上做出过一些尝试，比如住房销售和按揭业务、汽车销售和信用卡分期业务等，都是将金融与非金融需求相融合的实践。

但愈演愈烈的数字化浪潮，导致传统银行必须告别"坐商"的时代。"跳出金融"，将金融及非金融服务深度融合，建设生态场景，不仅有效改善以往商业银行缺乏非金融数据支撑的局面，还扩展商业银行金融服务范围，有力促进金融场景的获客、活客、留客，改善客户的服务体验并提升银行服务质效。

在园区场景生态圈构建中，兴业银行频频与政府、园区、

---

① 中国金融新闻网. 中国银行发布《金融场景生态建设行业发展白皮书2.0》[EB/OL]. (2022-09-01)[2023-10-13]. https://www.fifinancialnews.com.cn/yh/sd/202209/t20220901_254622.html.

企业共建平台，布局园区金融新赛道的数字化产品——"智慧园区系统"。

以智慧园区系统为例。"兴业智慧园区运营管理系统"是兴业银行推出的针对园区产业的"金融和非金融一体化的管家式服务体系"，以"标准＋定制"的方式，赋能园区经营管理，有效解决园区"重招商引资，轻运营管理"及服务效率低、缺少数据沉淀等问题，不仅为园区运营方提供数字化运营工具，也为园区内企业提供包括融资服务、金融知识教程、工商注册等综合性增值服务。该系统上线后，有效助力园区运营方实现管理数字化、招商多样化、分析智能化、服务移动化。

2023 年 5 月 5 日，兴业银行泉州分行与兴业数金积极合作，成功落地福建省首个智慧园区运营管理系统——泉惠石化工业园区"兴业智慧园区运营管理系统"。

"兴业智慧园区运营管理系统"为园区企业创造出有质量、有数据、有保障的服务，再通过对企业建立标签识别企业的核心需求，是提供非金融服务到金融服务价值转化的重要一环。最后则是通过商业银行的专业优势，从单一服务或产品升级为整体解决方案，为企业提供金融场景下的全方位服务。对于园区内的居民亦是如此，通过园区建设了解到居民的需求后，更为其提供多样化的金融服务。

兴业银行"跳出金融"不再局限于单一的"用户、客户"

思维，而是围绕着"业务沉下去，效率提上来"的整体思维来构建，以产品、内容、客户、风控四项能力为基础的精细化、全方位服务过程。

同时，兴业银行成功抓住互联网时代机遇，积极推广涵盖生活缴费、医疗、交通为一体的场景建设，将金融服务推向新的深度与广度，即客户在哪里，银行服务就在哪里。

比如市民生活缴费方面，兴业银行为全国各地居民提供水电气、宽带、通信等一揽子费用的线上化便捷缴费渠道，满足多元化的缴费需求；围绕"看病难、挂号难"问题，率先探索"互联网＋金融＋医疗"服务模式，实现线上挂号预约、自助缴费、报告查询等，不仅解决市民看病的难题，也提高医疗资源的利用率；交通出行领域，兴业银行通过数字化手段，连接场景与市民需求，在公交、地铁、停车场、高速公路、加油站提供智能支付、智能购票、一键停车加油等服务，为广大百姓实现手机在手便可享受便捷优惠的出行服务。

当然，这些金融服务离不开科技的全流程保障。众所周知，兴业银行视"数字化转型"为生死存亡之战，只有成功的"数字化转型"，才能帮助兴业银行在这个金融机构服务形态和竞争内核发生根本性变化的时代里"走出去"，从单一产品与业务的竞争，转变为"金融＋非金融"场景与生态的角逐。

银行依旧存在，但银行却不能再是过去的银行，必须跟随时代转变路径，成为更强大、更智能的银行。兴业银行在金融为民、金融向善、寓利于义的价值引领下，用"跳出金融办银行"行动诠释股份制商业银行的使命担当，也为这场未来之战打下坚实的基础。

第二篇

大道至简

『为金融改革探索路子，为经济建设多做贡献』

第三章

一张蓝图绘到底

　　2021 年，《证券时报》对话兴业银行董事长吕家进，吕家进在采访中表露："兴业银行一直有着清晰的战略，过往取得的成功，实际是战略制定的成功、更是战略执行的成功。""我们要做的是坚定信心，保持战略定力，一张蓝图绘到底，一届接着一届干。"①

　　这一观点早在业内成为共识。多家券商认为，兴业银行过去的成功在于战略、执行与文化的成功。国信证券分析师在《兴业银行新增长动能强劲，构筑核心竞争力》一文中写道：兴业银行坚持"商行＋投行"发展战略，从"大投行、大资管、大财富"，到"结算型、投资型、交易型"三型银行建设，着力打造绿色银行、财富银行、投资银行"三张名片"，改革路径清晰，战略定力稳定。

　　安信证券认为，兴业银行的成功在于拥有稳定的管理层、战略的前瞻性和强有力的执行。浙商证券将兴业银行华丽转身

①　马传茂. 兴业银行吕家进：一张蓝图绘到底，以强大的战略执行赢得战略主动[EB/OL]. (2011-09-27)[2023-10-13]. https://baijiahao.baidu.com/s?id=1712012819489319446&wfr=spider&for=pc.

归功于战略、管理、执行三大方面，战略调整壮士断腕，去杠杆、破刚兑背景下，坚决进行战略调整，管理团队专业敬业，管理层功不可没，战术执行持之以恒。

基于大量调研，我们认为，兴业银行之所以在国内银行业处于当前地位，背后离不开战略定力与文化可持续。具体体现为：一是领导班子稳定、团结，对兴业银行未来发展有共识，确保经营理念、战略部署等坚定地落地，这也是兴业银行一张蓝图绘到底的前提和保证；二是战略具备连续性和稳定性，保证航向正确；三是超强执行力，做事务实高效，发展初期，各地主要干部均是总行派出，有较强的认同感，建功立业的意识很强。

战略定力不局限于过去，在未来，兴业银行将继续保持"我自岿然不动"的企业定力，求真务实，锚定航向，绘就更辉煌、更宏大的发展蓝图。

第一节　稳定、团结与共识

兴业银行的领导班子相较于同类银行而言，稳定性较高。由于福建省委省政府的信任，从成立至今的 35 年间，兴业银行"掌舵人"仅有四次变更，分别为丛年科、陈芸、高建平、吕家进四位，历任董事长、行长任期较长，并且长期在银行业工作，具有丰富的银行管理经验和广阔的视野。

不只是领导班子，兴业银行干部团队也非常稳定，许多老兴业人在行内一干就是二三十年，历经一线、中层、高管各个序列，职业生涯"从一而终"。从上到下人员的稳定性，不仅让兴业银行在同类银行中独树一帜，还让兴业人非常团结，极具共识。

来看兴业银行的管理层。领导班子的稳定性决定企业发展方向把控、队伍建设、环境营造等关键要素，也决定了企业发展的稳定性，兴业银行历任领导班子的稳定给兴业银行带来一个稳定发展的保障。

在兴业银行，历任领导班子构建了稳定、团结、共识的局面，对兴业银行都有着清晰的发展规划，对每一阶段的定位都非常精准，政策的连续性强、配合度高。

以丛年科、陈芸等为首的领导班子，面对兴业银行刚成立时严峻内外发展环境，筹资募股、布局福建，制定"三步走"战略、夯实经营底座，理性务实求发展，带领兴业银行完成"一次创业"，走出求生存、求发展的夹缝生存状态。1996年后，国内金融环境发生深刻变化，领导班子不安于现状、不故步自封，准确提出向外发展、全国布局，毅然推动"二次创业"。就此，兴业银行真正实现量的扩张、质的飞跃。

2000年8月，高建平任中共福建兴业银行委员会党委书记，2001年成为兴业银行党委书记、董事长兼行长。兴业银行在他带领发展的十九年中，发生翻天覆地的变化。《银行家》评价说，"2000 年以来，高建平领导下的兴业银行紧紧抓住我国经济快速发展、金融深入改革的历史机遇，创新求变，锐意进取，在地理区位、股东背景等资源禀赋不占优势的条件下，实现了从区域性银行到全国性银行、上市公众银行，再到以银行为主体的现代综合金融服务集团的多级跨越，完成了从同类型银行中下游水平到稳居同类型银行第一阵营的华丽'逆袭'。"①

2021 年，吕家进出任兴业银行党委书记、董事长以来，承接上一任领导班子的重任，带领着新一届领导班子，继续坚持以习近平新时代中国特色社会主义思想为指导，坚持把"国之大者"作为"行之要务"，一张蓝图绘到底，一届接着一届干，踔厉奋发、攻坚克难，加快推动战略转型。重点是擦亮树牢三张名片和加快数字化转型，推动兴业银行实现更高质量发展。

吕家进针对党建引领、服务实体经济、乡村振兴、共同富裕等方面提出构想。2021 年 9 月，更是在《学习时报》发表的《奋力书写新赶考路上兴业答卷》一文中指出，在新的赶考路上，面对日趋复杂严峻的国内外形势变化，兴业银行深刻领会践行金融工作的政治性、人民性，始终将"国之大者"落实

---

① 高建平：探路革新 行业引领[J]. 银行家, 2017 (01):16.

为"行之要务",坚定不移走中国特色金融发展之路。

面对金融市场数字化发展风起云涌,吕家进明确提出"数字化转型是生死存亡之战"。从某种程度上讲,领导层的决策事关公司生死存亡。兴业银行领导班子高瞻远瞩的眼光,给兴业银行打造出一个光明的未来。

第二节　战略的连续与稳定

战略是企业为实现某种目标而设定的长远规划,核心在于获得竞争优势。纵观中国股份制商业银行发展史,各家银行都会根据自身不同发展阶段制定不同发展战略,为未来之路指明方向。有战略定力者,在面对大风大浪及错综复杂形势时从容镇定、意志坚定,从全局角度、长远角度、发展大势上做出正确判断和决策。放眼中国银行业,兴业银行在这方面最为典型。

开业之初,兴业银行有着明确的发展目标,以"打好基础、办出特色、艰苦创业、稳步发展"为创立方针,坚持企业化经营。

2000 年以后,中国加入 WTO,与世界金融体系接轨,经济飞速发展,银行业一面迎来较大的增长时期,一面解决系列深化改革问题,如补充资本金和改善公司治理结构等。2003

年初，兴业银行明确"一个定位、两个虚实结合、三大治行"方略，确立"全国现代化商业银行"；实施"从严治行、专家办行、科技兴行"三大战略；两个虚实结合，推进"有形网络扩张和无形服务延伸、有形产品创新和无形体制机制改革"。此后，兴业银行迎来一段高速增长时期。

2019年，党的十九大报告提出，必须深化金融体制改革，增强金融服务实体经济的能力，提高直接融资比重。兴业银行再一次发布战略体系转变，2019年进一步总结出"1234"战略体系，以轻资产、轻资本、高效率为主线方向，"商行＋投行"两个抓手，坚持客户为本、商行为体、投行为用，持续提升结算型银行、投资型银行、交易型银行建设能力，强化重点分行、重点行业、重点客户、重点产品的战略作用。

2021年5月，吕家进就任兴业银行董事长，明确"一张蓝图绘到底"，在"轻资本、轻资产、高效率"的转型方向下，兴业银行持续推进"1234"战略，并以"绿色银行、财富银行、投资银行"三张名片为重点突破，数字化转型为动力引擎，持续调整优化业务布局。

战略上的稳定连续，使得兴业银行在发展过程中始终保持前进的方向，也让兴业银行成功从专业化发展、商业化转型、市场化转型、高质量发展等阶段实现跨越。

总结来看，兴业银行多年来的战略有以下几大特征：

一是从战略初心上，坚持服务国家战略，融入地方战略。

兴业银行是中国改革开放的产物，从成立之初就肩负着为中国金融、中国经济发展做贡献的重任。也因此，兴业银行在战略制定上始终将国家战略与地方经济发展放在重要位置。

最典型的案例是，创业初期，面对国家针对金融领域进行增量改革以及按照市场规律办真正的商业银行、引入市场竞争机制，激发并推动原有计划经济体制下的较为僵化落后的金融存量质的改变，优化金融服务体系和金融供给结构的发展要求，[①]兴业银行明确提出"自主经营、自负盈亏、自担风险、自求平衡"的企业化经营原则，坚持"三步走"。即使面临"物价闯关"和通货膨胀，在其他银行为降低成本，收缩银行网点的情况下，兴业银行仍坚持"逆风而行"。秉持"打好基础、办出特色、艰苦创业、稳步发展"方针，不畏艰难，坚持网点扩张，跑出"服务立行"的差异化竞争赛道，为新兴股份制商业银行找到了立足市场的法宝。更为令人佩服的是，在"三步走"战略中，兴业银行依然提出要坚持与地方经济发展同频共振、相伴成长，并将战略付诸实践。相继支持福建高速公路建设、到宁德进行金融扶贫等，勇当福建金融发展主力军。兴业银行在空白的战略蓝图上画出了第一笔色彩。

此后，不管是进入新世纪后的有形网络扩张和无形渠道延

---

① 马传茂. 改革创新需要不计小利得失的战略定力[N]. 证券时报, 2018-10-31 (A05).

伸相结合、自主设立和市场化并购相结合，还是"两个转变"的提出，抑或是之后各个五年规划中的战略制定，都相应地契合了当时国家的宏观经济发展形势，也兼顾了兴业银行网点所在地的经济发展。最具代表性的是，兴业银行紧跟国家绿色发展战略、"双碳"战略、数字化发展战略，坚定实施"1234"战略体系，一张蓝图绘到底，加快数字化转型。

兴业银行紧跟国家发展步伐，坚持在战略制定上把自身发展与地方经济发展有机结合起来，持续服务国家经济大盘，为地方经济注入金融活水。正是这样，兴业银行总能"柳暗花明又一村"，从而实现一步一步的跃升。

二是从战略目标上，始终向着一流银行迈进。成立初期，兴业银行响应国家建立"真正的商业银行"的号召，提出办在国内具有一定影响力的商业银行。2000年，兴业银行着眼国家发展大势，根据自身全国化布局，明确把自身战略目标定为"建设全国性现代化商业银行"。2003年，随着引资、更名完成，兴业银行建设全国性现代化商业银行的历史任务结束，及时将战略目标定位更改为"建设一流现代商业银行"[①]。2006—2010年第二轮发展规划期，兴业银行吹响号角，向上市银行、综合性银行进军。相应提出建设"经营稳健、管理规范、成长快速、服务领先、特色鲜明、回报一流的综合性银行"战略目

---

① 建设一流现代商业银行具体包括四个方面内容，分别是治理结构一流、管理水平一流、成长能力一流和投资回报一流。到今天，这四个"一流"依然是兴业银行发展的重要原则。

标，2008 年更进一步提出"银行主导、门类齐全、分业合作、管理规范的综合金融服务集团"战略思路。之后，兴业银行一直围绕建设主流银行集团目标前进。[①]

兴业银行始终有清晰的战略目标，且各个阶段的战略目标一脉相承。最终目的都是向着"一流银行，百年兴业"这一远大目标迈进。这种战略目标的坚定性，带给兴业银行的是不忘初心、奋勇前行，各种创新创造随之出现。这也是兴业银行总是能够先人一步，在同业领域独占鳌头的原因之一。

三是从战略制定上，应时而变，抓住机遇，实现转型升级。梳理兴业银行从成立至今的战略方向：在"二次战略"部署中，1996 年 2 月 5 日，时任兴业银行董事长陈芸在全行工作会议上提出兴业银行暂时还小，经不起浪费，一方面要讲投入产出和资源优化配置；另一方面全行要讲上下左右，部门之间要协作通气。

2003 年，基于国内金融环境与市场判断，立足金融服务业本质，兴业银行提出转变业务发展模式和盈利模式，实现各项业务持续、协调、健康发展，就此兴业银行走上战略转型之路。及至 2010 年，兴业银行战略转型取得实质成效。业务结

---

① 2011—2015年五年发展规划提出战略目标，建设"基础坚实、结构协调，专业突出、特色鲜明，实力雄厚、富有责任"的主流银行集团；2016—2020年五年发展规划提出战略目标，打造成最具综合金融创新能力和服务特色的一流银行集团。

构更加多元；传统存贷业务占比下降，个人业务占比上升；中间业务收入占比持续提高。2015年，中国经济发展速度放缓，银行间业务同质化严重，兴业银行明确提出以"大投行、大资管、大财富"为业务格局的轻资本转型之路。

2016—2020年五年发展规划中，兴业银行提出做好"两篇文章"[①]，驱动"四轮并进"[②]，加快结算型、投资型、交易型"三型银行"[③]建设，并于2018年率先在同业中启动"商行＋投行"战略，主动放缓扩表节奏，重塑资产负债表，转型"表内做精做细，表外做大做强"的高质量发展道路。在2021—2025年五年规划中，兴业银行更是坚定"1234"战略，持续擦亮"绿色银行、财富银行、投资银行"三张名片。

---

① 一篇文章是"综合金融"，即紧紧围绕客户的投融资需求，利用多种金融牌照，整合多个市场资源，运用多元化金融工具，为客户提供一站式、多元化、综合性金融服务，并以此带动银行业务、收入和盈利来源的多元化；另一篇文章是"节约资本"。这是转型的核心，也是检验转型成效的重要标准。落实到具体工作上，就是要坚持"两手抓"，一手抓业务拓展，鼓励重点发展不占用资本或少占用资本的业务，一手抓存量盘活，即通过结构调整，降低高资本占用业务占比，腾挪资本空间。

② "四轮并进"：一是以投资银行和银银平台为驱动，大力发展批发金融。二是以交易银行和企业金融"三大直通车"为驱动，推动发展工商金融。三是以线上线下结合的新型支付结算、智能化服务，加速发展零售金融。四是以构建协同联动的综合金融服务平台、提高净值型产品占比为驱动，提升发展资管金融。

③ 建设结算型银行，即积极运用移动互联、大数据、云计算等新技术，不断升级完善银行支付结算功能，更加重视支付结算清算、现金管理、贸易融资等业务发展，巩固发展银行基础业务。建设投资型银行，即顺应客户需求多元化、直接融资大发展的趋势，充分发挥集团综合化经营优势，有效利用各个金融市场的资源，为客户提供综合融资解决方案。建设交易型银行，即不断做大做强金融市场交易类业务，强化资产流转，变持有资产为管理资产、交易资产，提高轻型化发展水平。

不难看出，"轻资本、高效率"转型方向始终贯穿于兴业银行发展的各个阶段，兴业银行逐渐实现从向速度要效益到向质量要效益的转变，真正从规模银行走向为价值银行。

四是从战略方针上，始终坚持"三性"原则，守好底线。

兴业银行始终围绕"办真正商业银行"，坚持商业银行"三性"原则[①]。从成立之初提出"办真正的银行"，到"二次创业"战略部署中强调"还银行以企业本质"，在全行推动员工树立企业意识和思维，再到新世纪后要求回归现代金融服务本质，淡化对资本的依赖，兴业银行始终立足市场化，坚持现代企业化经营。

早期，兴业银行的经营方针是"依法经营、稳健经营、文明经营"。在依法经营上，始终正确处理依法经营和开拓发展的关系，视守规合法为商业银行维护国家金融秩序的头等大事与维护自身合法权益的生命线；在稳健经营上，谨慎处理稳健经营与提高效率之间的关系，追求利润最大化与风险最小化的结合；在文明经营上，正确处理文明经营与公平竞争的关系。这一条方针，也被金融记者形容为兴业银行的"一件护身法宝"。

2000 年加快全国化布局后，时任董事长高建平提出的

[①] 三性原则指商业银行的安全性、流动性、效益性（也称盈利性）。

"从严治行、专家办行、科技兴行"三大治行方略，这是兴业银行向全国进军、进入一流商业银行时提出的方针与要求，是对战略目标实施的战术定力。

2021年，兴业银行董事长吕家进进一步指出，坚定不移推进全面从严治党与全面从严治行，把严明政治纪律和政治规矩放在首位，驰而不息反对"四风"、改进作风，强化合规文化，建设"法治兴业"，将纪律检查、审计监督、风险合规监督、财务监督等有机贯通，深化纪检监察体制改革，开展内部巡察，提高监督实效。

从开门营业的铁账本、铁算盘、铁规章，到2000年便在三大战略中提出的"从严治行"，再到今天掷地有声的"合规制胜"，兴业银行始终坚持依法经营、稳健经营、文明经营，在防范风险的同时，寻找发展的最佳路径；从股东利益至上，到兼顾各方相关者利益，再到倡导环境、社会、经济的和谐统一与银行的可持续发展，兴业银行不断升级经营理念，深化对银行社会责任与自身可持续发展间关系的认识，着力构建人与自然、环境、社会和谐共处的良好关系。归根结底，这就是兴业银行对持续发展金融的追求。

面对风云变幻，兴业银行始终保持战略清醒，增强战略定力，既不好高骛远，也不妄自菲薄，坚持稳中求进基调，以高度战略自信抢抓发展机遇，把握大势、顺势而为，完善战略布局，保持战略活力，不断绘就自身发展新蓝图。

第三节　超级执行力

"天下事在局外呐喊议论，总是无益，必须躬身入局，挺膺负责，乃有成事之望。"

兴业银行企业文化纲领执行观阐释的第一句话便是：说一千、道一万，不如实实在在干一件。

战略再宏大，也要落地执行才能发挥作用。只有沉心静气，甘于办小事，乐于办实事，一步一个脚印往前走，方能把蓝图变为现实，将远景变为实景。"制度的生命力在于执行"。兴业银行深知没有执行，再好的决策也发挥不了作用，所以形成了"兴业的事说办就办，办快办好"的执行风格。

超级执行力，是兴业银行能够一张蓝图绘到底的关键，是兴业银行的战略能够从上到下的贯彻执行的保障。正因为有兴业人的严谨、细致、精益求精，不打折扣地完成兴业银行的重大战略与工作部署，才能将战略构想落定为具体实践。

明确的战略方向，要有正确的人来保证执行，是兴业银行战略执行最重要的特点。执行就是要找正确的人，做正确的事，而要把事做正确，则是把合适的人放到合适的岗位上。专人做专事，因而兴业银行的每一项战略落地，背后都有专业化的队伍的真抓实干。

此外，兴业人勇于主动承担责任，也是战略执行通畅的关键。兴业银行的事情，一旦决定，便是雷厉风行，只争朝夕，理解的人立刻执行，不理解的人在执行中逐渐理解。这种说到做到的执行力基因已经融入兴业人的血液，所以尽管身处竞争、变化的时代，兴业人仍时刻牢记危机意识和竞争意识，能够采取迅速而高效的行动。

当每个流程、每个环节、每个员工都认真负责，一丝不苟，从上到下的战略执行便通畅无阻。

"天下之事，不难于立法，而难于法之必行。"而这在兴业人身上却不存在。在兴业银行，上到领导，下到员工，从来都是说干就干，这一点在省外异地分行的建设上，尤为明显。有人评价兴业银行："一张任命书，再加上一张金融许可证，兴业银行就能在一个地方深耕发芽、开花结果。"

兴业银行省外分行的筹建，往往是与时间赛跑。从拿批复文件到省外分行开业，兴业银行一般只有 6 个月时间。在这 6 个月内，分行筹建组要完成选址、装修、验收、招聘培训、系统对接、业务储备等等一系列工作，每一个环节，都是一场"战役"，需要认真且坚决的执行动力。

从拉萨分行筹建过程可以对兴业银行的超级执行能力窥斑见豹。2017 年 12 月兴业银行拉萨分行获批筹建，彼时正是高原寒冬，筹建组成员没来得及适应冬季高原气候，便马不停蹄地投入筹建工作，因为留给他们的筹建时间只有八个月。

拉萨施工季短暂，在每年的 3 月中旬到 10 月中旬，因此拉萨施工企业也多数是其他城市企业"候鸟式"运营的分支机构，一到冬天就会回迁。但筹建组为了赶装修时间，等不到 3 月施工季，必须在"淡季"找装修企业，而寒冬中找还在营业的施工企业难如登天，就连装修物料的准备，也是频频"碰壁"。

兴业人没有花时间气馁，任务交代下来就只有一个目标：办快办好。

为找到合适施工方，筹建组广发英雄帖，招募施工企业，和多家施工单位马不停蹄地商洽，确保准备工作完成后，能够即刻开工建设。为准备物料，派出专人逐个找生产商询价比选，组织专门运力，克服冬季路况差的困难，确保物料及时运抵拉萨。另外兴业人还将仅有人手全力投入装修筹建，每个人都身兼数职，撸起袖子连轴转。

在艰苦筹建的过程中，筹建组高效率做好各项筹建工作，拉萨分行还未正式开业，但兴业人脚踏实地、务实敬业的口碑已在拉萨传开。

2018 年 8 月 10 日，拉萨分行正式开业，标志兴业银行实现了对境内所有省、自治区、直辖市的网点全覆盖。拉萨分行的筹建，兴业人创业干事的超强执行力在这里展露无遗。

兴业人超强执行力，带给兴业银行更多机遇。这也是兴业银行能不断跃升的重要原因之一。

　　风雨兼程，砥砺笃行；同心向前，踔厉奋发。兴业银行自成立伊始，就有着齐心协力同奋斗，高效执行快落地的优良传统。不管何时，兴业人都是雷厉风行的。他们做事果断、效率奇高；团结一致、执行力强，真正让世人见识到什么是兴业速度与兴业效率，完成了一个又一个的不可能，创造出行业内诸多神话。

第三篇

持续创新

『以"绿色银行、财富银行、投资银行、三张名片为重点突破』

『全力加快数字化转型』『持续推进体制机制改革』

『深度开发人才第一资源』『全面做好安全生产工作』

第四章

绿色银行：
中国首家"赤道银行"

　　发展绿色金融，是实现绿色发展的重要措施，也是供给侧结构性改革的重要内容。党的二十大报告把"推动绿色发展，促进人与自然和谐共生"列为一个单独部分，再次强调了绿色发展的重要性与急迫性。同时，党的二十大报告提出"完善支持绿色发展的财税、金融、投资、价格政策和标准体系"，凸显了金融在推动绿色转型发展方面的重要意义。

　　在绿色金融领域，兴业银行"走得早、走得稳、产品全"。从 2006 年推出国内第一笔能效融资贷款，到 2008 年成为国内首家"赤道银行"，兴业银行无疑是国内绿色金融的开拓者。

　　此后，兴业银行不断在绿色金融道路上布局创新，并将其视为集团战略核心业务，给予一系列体制机制等完善的配套措施，加之早已打通的综合金融条线协同与流程再造的赋能，使得绿色金融稳健发展，领先行业。尤其是在"商行＋投行"能力基座的基础上，兴业银行构建起集团化、多层次、综合性的绿色金融产品与服务体系，使得绿色金融跑出加速度，释放出强大效应，是国内当之无愧绿色金融的领跑者。

有券商在分析报告中对兴业银行绿色金融的领跑优势直言不讳，称其"已领先同业半个身位"。

2022 年中国金融学会绿色金融专业委员会年会上，兴业银行董事长吕家进表示，近年来，兴业银行不仅在国内绿色金融市场占据重要一席，而且走向世界绿色金融舞台。兴业银行力争"十四五"期间绿色金融融资余额翻一番，使绿色金融成为连接经济的主纽带、推动业务结构优化的主动力。

从战略层面到公司治理，从体制机制到产品服务，兴业银行已经形成了涵盖绿色贷款、绿色债券、绿色理财、绿色信托、绿色股权投资等在内的集团化综合绿色金融产品体系，绿色金融业务也在集团综合经营优势的支撑下迈向更高台阶。

第一节　绿色金融领跑者

绿色发展推动绿色金融，绿色金融反哺绿色发展。

1995 年，国家环保局下发《关于运用信贷政策促进环保工作的通知》，意味着中国在绿色金融之路上迈出实践步伐。党的十八大以来，中国在"绿水青山就是金山银行"理念引导下，坚持走绿色先行的道路，促进经济社会全面绿色转型，实现高质量、可持续的发展。

在绿色发展如火如荼地推进过程中，金融力量是无法忽视的重要因素之一。近年来，国家相继出台一系列促进绿色金融发展的政策措施，绿色金融体系得到完善，绿色金融发展也随着国家战略的实施踏上新征程。

根据中国人民银行发布数据显示。截至 2022 年末，我国本外币绿色贷款余额 22.03 万亿元，同比增长 38.5%，比上年末高 5.5 个百分点，高于各项贷款增速 28.1 个百分点，全年增加 6.01 万亿元。绿色债券累计发行规模约 2.63 万亿元，存量规模约 1.54 万亿元。可见，金融机构在我国绿色发展过程中所扮演的角色越来越重要。

在国内众多商业银行中，兴业银行是采纳"赤道原则"的"开先河者"，也是绿色金融领域内的领跑者。

在深耕绿色十余年的过程里，走出了一条"点绿成金"的差异化可持续发展路径。

其中，兴业银行将"绿色银行"放在三张金色名片的首位，成为同业领跑优势最为明显、辨识度最高的业务领域。早在 2016—2020 五年规划，兴业银行提出，到 2020 年要实现"两个 1 万"目标，即集团绿色金融融资余额突破 1 万亿元，绿色金融客户突破 1 万户！彼时，兴业银行绿色融资余额刚过 4000 亿元，距离此目标差距甚大。但令人惊喜的是，2019 年，兴业银行提前达成这一目标，并在 2020 年达成绿色融资余额 1.16 万亿元，服务客户 2.98 万家，成为唯一一家绿色融资规模突破万亿的股份制商业银行。

放眼最新五年规划，兴业银行在 2021—2025 年五年规划中，针对绿色金融发展制定更高目标，即集团绿色金融融资余额突破 2 万亿元，绿色金融客户突破 5 万户。从兴业银行绿色金融整体发展而言，这一目标似乎不再遥远。截至 2022 年，兴业银行表内外绿色金融融资余额 16297.60 亿元，较上年末增加 2430.57 亿元，增长 17.53%，稳居国内股份制商业银行第一位。绿色金融累计服务企业 60731 家，累计提供融资 4.7 万亿元，新增绿色贷款当年新增额 1831.32 亿元，绿色贷款余额 6370.72 亿元，达到融资正式生效阶段的"赤道原则"项目 100 笔，均在股份制银行里名列前茅。

先发优势

成为领跑者，先发优势尤为重要。兴业银行是我国绿色金融先行者，更早意识到绿色金融的长远意义，率先接触与采纳国际绿色金融先进产品与原则。

兴业银行与绿色金融的结缘，还得从 2006 年的一笔能效贷款说起。国际金融公司（IFC）是兴业银行 2003 年引入的三家境外投资者之一，奉行投资一定要遵循可持续发展原则，即对环境与社会有益。IFC 不仅向兴业银行灌输可持续发展理念，也推荐名为"能效融资"的产品，同时提出引入损失分担机制。

由于彼时绿色金融概念在国内并未普及开，是否推行这一产品在兴业银行内部引起极大讨论。

不过，兴业银行管理层高瞻远瞩，认定"能效融资"产品具有可行性。当时管理层基于三个判断：一是能效融资产品已在国际盛行，未来也必将在中国盛行；二是信贷标准很重要，如果发达国家认定这一产品标准更利于可持续发展，没有理由不参照执行；三是损失分担机制，那何乐而不为？

推行"能效融资"后，兴业银行与IFC的合作更加顺畅，2006年5月17日，兴业银行签署能源效率融资项目合作协议（即《损失分担协议》），成为国内首家推出"能效贷款"产品的商业银行，迈出在绿色金融实践上的第一步，社会反馈良好。

2007年，兴业银行获得英国《金融时报》和国际金融公司联合举办的"可持续银行奖"两项提名——"新兴市场可持续银行奖"和"可持续交易奖"，摘得"可持续交易奖"亚军头衔。

这让国际社会注意到，中国有一家规模不大的银行，却做着可持续金融这样一件有意义的事情，打破发达国家对发展中国家的偏见。

随着对绿色金融重视加深，加之在可持续发展领域深层次合作，经过重重考察，兴业银行决心正式采纳"赤道原则"，从公司治理、制度建设、能力建设、项目审查、客户意识培养以及交流合作等六个方面全面构建了"赤道原则"管理体系，并完成其与核心业务系统的融合。

2008 年 10 月 31 日，兴业银行正式公开宣布采纳"赤道原则"，成为全球第 63 家、国内首家"赤道银行"。

自此，"赤道原则"正式进入中国大众的视野，以蓝色为底色的兴业银行增添了一抹生机盎然的绿。这一成果也得到国务院认可，将兴业银行采纳"赤道原则"列入第五次中美战略经济对话的成果之一，再次奠定兴业银行是国内绿色金融领域内先行者的地位。

作为一家勇当先锋的股份制商业银行，兴业银行采纳"赤道原则"标志中国银行业向前迈出了重要一步。兴业银行在严峻的宏观经济环境下仍然稳步推进"赤道原则"的工作。从长远角度而言，这必将为银行带来良好的商业效应。

如今，兴业银行在国内绿色金融领跑，背后离不开先发优势，但也是兴业银行在改革探索道路上锐意创新的必然选择，始终不忘"为金融改革探索路子"的使命，兴业银行率先将可持续发展提升到公司战略治理层面，将绿色金融作为集团战略核心业务，同时也实现连续多年在绿色金融领域高速增长。

差异化优势

战略先发条件确定前进的方向，兴业银行逐步构建起集团化、多层次、综合性的绿色金融产品与服务体系。正是这样的"差异化优势"，是成就绿色金融领跑者的第二大因素。

什么是兴业银行的"差异化优势"？

兴业银行绿色金融服务并非只局限于银行传统业务，基于多牌照子公司的联动效应，近一半是非信贷产品、投行产品，例如绿色债券、绿色基金、绿色信托、绿色融资租赁、绿色理财等多样化产品，完善的产品设计为客户提供综合金融解决方案，这是兴业银行的差异化优势所在。特别是在如今"商行＋投行"经营战略的赋能下、综合化金融集团的支持下，优势更为显著。

以某光伏企业与兴业银行的合作为例，这是近年来兴业银行多元化绿色融资与践行"商投并举"的缩影。

近年疫情影响下，光伏企业面临一定的资金困扰，其中作为全球光伏业巨头的该企业，在投建新项目时也遭遇到资金缺口。

需要强调的是，光伏企业的项目建设有别于其他行业，它的资金需求大、建设周期长，如果只靠商业银行传统的贷款支持，难以全面解决企业资金需求，只能以多元化的绿色融资才能根本解决该问题。

基于该背景，兴业银行依靠"商行＋投行"的能力底座，创新推出国内首支"双创＋碳中和债"，该债券首期募集资金6.9亿元，帮助该企业在浙江海宁市的新增年产2.5GW高效电池及2GW高效电池组件生产线项目成功落地。同时，兴业银行还对其批复5000万元的综合授信额度，用于企业日常流动资金周转及绿色供应链业务融资需求。[①]

依托"差异化优势"，兴业银行绿色金融产品与服务创新始终走在市场前列，引领市场发展。

兴业银行集团化绿色金融产品服务体系优势业务之一的绿色债券业务，在中国绿色债券市场持续发光发热。

自2016年兴业银行获批发行国内首单绿色金融债券以来，不断在该领域推陈出新，相继在2018年完成首只境外绿色金融债券发行，成为中资商业银行中首家完成境内境外两个市场绿色金融债发行的银行，成为全球绿色金融债发行余额最大的商业金融机构。2020年更是发行中国首支蓝色债券、世界首支企业类蓝色债券，推动着中国绿色债券市场从起步走向成熟。2022年，兴业银行绿色债券承销规模354.50亿元，多年来位于股份制银行前列。

在节能降碳领域，兴业银行在同业内率先进行布局。2010

年，推出国内首张低碳主题信用卡——中国低碳信用卡；发布
《兴业银行碳资产质押授信业务管理办法》，率先推出碳资产质
押授信业务。

2011 年 4 月，在福建省成功落地国内首笔国际碳资产质
押授信业务；11 月正式上线全国首个基于银行系统的碳交易
代理开户系统。

2016 年 3 月，落地国内首单碳配额卖出回购业务。

2018 年 4 月正式对外发布首个自主研发的绿色金融专业
支持系统——"点绿成金（GFP）"系统；11 月在卢森堡发行首
支境外绿色债券。

特别是国家"双碳"目标提出后，兴业银行着力将绿色金
融产品和服务优势延伸至碳金融领域。

2021 年 3 月 16 日，兴业银行革新使用"售碳＋远期售碳"
的林业碳汇组合质押模式，将远期碳汇交易权作为担保方式，
并设定林业碳汇远期约定回购，为福建省南平市顺昌县国有林
场发放 2000 万元贷款，这是福建省首例以林业碳汇为质押物、
全国首例以远期碳汇产品为标的物的约定回购融资项目。①

---

① 兴业银行. 全国首单！兴业银行落地2000万元"碳汇贷" [EB/OL]. (2021-03-17)[2023-10-13]. https://www.cib.com.cn/cn/aboutCIB/about/news/2021/20210324.html.

此外，兴业银行陆续落地全国首批碳中和债、首单碳中和并购债权融资计划、首单权益出资碳中和债、首单碳中和债券指数结构性存款、福建省首单碳排放权绿色信托等。2022 年，兴业银行成立碳金融研究院，希望通过碳金融产品创新，以"交易＋做市"为抓手，以"融资＋融智"为载体，以"碳权＋碳汇"为标的，加快抢占碳金融制高点，助力全国各地的生态资源转化为生态资产。

"一枝独秀不是春"，从绿色金融到碳金融，兴业银行不仅引领着行业的发展潮流，更希望更多企业参与进来，共同将绿色金融优势转化为服务经济社会绿色低碳高质量发展的新动能和新成效。

基于十余年在绿色金融领域积累的专业知识与实践，兴业银行开创了独有的绿色金融同业输出服务，将经验与技术输出，号召更多金融机构加入，共同发展绿色金融。

2022 年底，兴业银行在绿色银行方面科技输出在线运行机构达到 245 家，做到真正"授人以渔"。同时，兴业银行还积极为国际、国内绿色金融政策法规献言献策：国内，直接参与首批绿金改革创新试验区规划方案、《绿色信贷指引》《绿色项目贷款环境与社会风险管理》《绿色低碳融资项目评价规范》等政策制定；国际，积极现身新版"赤道原则"、IFC《绩效标准》等国际银行业准则的审查修订工作，持续在国际绿色金融发展舞台上发声。

体制机制保障

兴业银行先发优势、差异化能力的体现，还在于体制机制的一以贯之与保驾护航上，这也是兴业银行领跑绿色金融的第三大因素。

在体制建设方面，兴业银行极其重视总行统筹与指引作用，将绿色金融贯穿整个集团组织架构，达到"横纵相连"。纵向，基本形成从董事会到各分行的绿色金融组织架构，横向，则在集团层面建立专业绿金专项组，利用多牌照优势在集团内进行业务协同。

从纵向看。董事会层面，早在2007年，兴业银行就成立由董事长挂帅的社会责任工作领导小组，"赤道原则"、绿色金融集团化工作领导小组。总行层面，一是兴业银行章程明确高层在可持续发展战略上有相应的决策职责，于总行层面设立了绿色金融业务委员会，负责全行绿色金融业务规划与重要事项决策；二是兴业银行早在2009年就设立了可持续发展中心，引领全行绿金业务牵头工作，此后这一部门不断演化，形成现绿色金融部（战略客户部），借此将绿色金融业务和战略行业客户、重点业务紧密结合，以促进战略加速落地。分行层面，兴业银行在有条件的分行设置绿色金融部，负责辖内绿色金融业务统筹管理与营销推动，未设绿金部的分行，则配置专职绿色金融产品经理。

从横向看。得益于多牌照优势，兴业银行能够协调各子公司提供不同的服务与产品，以集团化来推动绿色金融业务的发展。提供从直接融资、传统信贷到金融租赁、信托、证券、基金等集团多元化、多样化的绿色金融产品服务，从而满足绿色产业客户在固定资产投资、资本性融资等方面的需求，不断丰富集团绿色金融业务内涵。

在机制配套方面，兴业银行将绿色金融业务纳入各分行的年度综合经营计划考评，并建立健全对口支援、双向交流等东西部协作机制，加快集团"全绿"转型。

培风图南，履践致远，领跑者，既是荣誉，更是责任，看得见的美好生活，看不见的兴业力量。把绿水青山维护得更美、把金山银山建设得更大，是兴业银行高质量发展最义不容辞的责任。

第二节　ESG 实践的典范

什么是 ESG？

ESG 是责任投资中的专有名词，是三个英文单词首字母的缩写，即环境（Environmental）、社会（Social）和公司治理（Governance），是一种关注环境变化影响、社会效益、公司治理绩效综合表现的发展理念，其核心是对企业可持续发展能力的评判。

这一理念最早源自 2004 年联合国发布《有心者胜》报告。该报告中首次提出 ESG 理念，呼吁全球应广泛关注经济、社会和环境的可持续发展。

近年来，ESG 理念不仅获得国际社会广泛关注，还通过大量投资者接近二十年的探索与实践，已经被证明为金融业的健康发展之路的指导思想。特别是在全球环境问题日趋严重的今天，全人类面临极大的挑战，仅靠政府的力量远远不够，更需要全球企业共同践行可持续发展理念。在国内"双碳"战略的大背景之下，企业对于 ESG 理念空前重视，纷纷视 ESG 报告为"第二份财报"。

为什么兴业银行是国内银行业 ESG 实践的典范？

宏观层面来看。首先，2019 年国际权威指数机构明晟（MSCI）将兴业银行 ESG 评级从"BBB"级上调为"A"级。彼时，国有六大行 ESG 评级处于"BB"或"BBB"级，兴业银行迈向国内银行业 ESG 最高水平。此后连续四年，兴业银行都保持着 A 级，成为国内银行业唯一一家连续 4 年获评 A 级的机构。同时，上证 50ESG 基准指数、上证 180ESG 领先指数、沪深 300ESG 领先指数、中证 180ESG 价值指数等国内主流 ESG 指数将兴业银行纳入样本股。

其次，在《中国 ESG 发展白皮书（2021）》中，兴业银行是唯一入选典型 ESG 案例分析的企业代表。其评价道："兴业银行是国内银行业 ESG 实践的优秀代表，在环境层面大力发展绿色金融，多项核心业务数据位居前列；在社会层面加大对普惠金融支持力度，发挥自身优势打造差异化样本；在公司治理层面从治理体系、高层战略重视 ESG 实践，坚持长期高质量对外披露 ESG 信息，与各利益相关方进行双向高质量交流。"

最后，对比全球银行业巨头，兴业银行 ESG 评级旗鼓相当，甚至略胜一筹。2022 年，摩根大通、花旗银行、富国银行、美国银行、汇丰银行的 ESG 评级分别为 A、A、BB、BBB 和 AA。

可见，兴业银行 ESG 实践获得国内外广泛认可，为同业提供极具价值的参考和借鉴。

微观层面，主要基于对兴业银行 ESG 三个维度的分析。

第一，E 维度（环境维度）久久为功，持续领跑。

作为 ESG 中全球关注度最高的一项议题，环境治理始终困扰着一大批企业。在 21 世纪初国内尚未形成节能环保氛围时，兴业银行率先认识到环境保护重要性，17 年植绿不辍，目前已成为全球绿色金融债发行和承销规模最大的商业金融机构。

2007 年，时任世界银行行长佐立克与时任兴业银行董事长高建平会面，并提问道："如果绿色金融能赚钱，为什么中国别的银行不做？如果不赚钱，为什么贵行要做呢？"

对此，高建平回答："也许短期内不挣钱，甚至要冒一定的风险，但环境保护这项事业是需要扶持的。银行可以发挥自身特长，通过信贷杠杆，支持环保事业。随着各方的共同培育，市场和利润终归是会有的，这就实现了银行经营活动和履行社会责任的有效结合。"[①] 次年，兴业银行正式采纳"赤道原则"，将节能环保因素深深根植于企业发展理念中。

截至 2022 年末，兴业银行的绿色融资为 1.63 万亿；绿色投行业务规模突破 1000 亿元；绿色债券投资规模新增 266 亿元，存量规模达到 366 亿元；绿色供应链业务余额 359 亿元，共服务绿色客户 645 户，覆盖 98 个绿色专属行业；绿色租赁业务余额达到 549 亿元；绿色信托规模 215 亿元（其中主动管理规模 93 亿元）；2022 年累计发行 ESG 及绿色理财产品达 661 亿元。

第二，S 维度（社会维度）差异经营，勇担先锋。

兴业银行坚持以为社会共创美好未来为使命，围绕服务实体经济、支持乡村振兴、推动共同富裕等主题，以金融之笔墨

---

① 新财富. 一家银行，如何炼成ESG领跑者[EB/OL]. (2022-03-14)[2023-10-13]. https://www.cib.com.cn/cn/aboutCIB/about/news/2022/20220318.html.

绘出一幅美丽中国新画卷。主要集中在三个方面：一是对实际经济的帮扶；二是"兴公益"品牌形成捐资助学、抗灾救灾、扶贫济困三位一体的长效帮扶机制；三是因地制宜，出台《全面推进金融服务乡村振兴开拓战略发展新空间的实施方案》，用金融"春雨"滋润广袤乡村大地。（详见本书第四章）

让金融更有温度，兴业银行走出了一条"寓义于利"差异化特色社会责任实践之路。

第三，G 维度（公司治理维度）顶层战略，高度重视。

首先，兴业银行早已将社会责任工作纳入公司治理层面，并持续完善 ESG 治理体系。2007 年，成立社会责任工作领导小组，由一把手亲自挂帅，全面推动可持续发展和社会责任落地实施；2022 年，兴业银行将董事会"战略委员会"更名为"战略与 ESG 委员会"，建立具有行业领先水平的 ESG 管理决策机制，明确董事会承担 ESG 管理最终责任。并在业内率先成立"ESG 管理中心"，不断提升内部管理体系建设，开展"ESG 系列培训"，编写《ESG 工作手册》，形成了"全行一盘棋"的良性工作机制。

其次，兴业银行将 ESG 纳入 2021—2025 五年战略规划中，逐步在公司治理、产品创设、投资决策、风险管理、绿色运营、信息披露等方面塑造 ESG 管理体系和管理流程。

最后，兴业银行坚持以高质量信息披露作为 ESG 压舱石。

自 2008 年兴业银行首次发布社会责任报告后，为了更好地践行可持续发展理念，在 2009 年将社会责任报告更名为可持续发展报告，目前已连续 14 年披露 ESG 信息。

值得强调的是，ESG 理念与中华民族传统文化所倡导的"天人合一、敬畏自然"的生态理念，"自强不息、厚德载物"的社会价值观颇有神似之处。践行好 ESG 理念，不仅能够增强兴业银行的社会责任感，更能打造文化自信自强的兴业样本、弘扬中华民族优秀传统文化的兴业精神。

"志若不移山可改，何愁青史不书功。"数十年如一日对 ESG 理念的坚守与贡献，正在重塑兴业银行的价值，让世界都能看到中国金融业的力量。

第五章

投资银行：
"商行 + 投行"华丽转身

起步于证券业务，发力于证券交易资金清算和证券资金存管，依靠资金营运中心的投行和金融市场服务能力，借以银银平台在境内外广泛的同业朋友圈，兴业银行在树牢投资银行这张名片上牢牢占据先机及优势。

从 20 世纪 90 年代银证并举，到 2003—2014 年间同业金融业务的强大动能，再到 2014 年"大投行、大资管、大财富"的转型方向，直到 2017 年正式启动"商行＋投行"战略，发挥商业银行大投行业务的专长，利用集团多牌照资源和控股优势，通过"商投并举、投贷联动"，兴业银行在"商行＋投行"领域已经实现华丽转身。

第一节　同业金融根基锻造之道①

2015 年第三季度时，兴业银行资产总额达 5.29 万亿元，

---

① 国际上的同业业务普遍是银行间的同业拆借等，而国内对于同业业务概念范围比较宽泛，通常指商业银行之间或与其他金融机构之间的业务往来，本质上是金融市场业务。

高出招商银行 671.06 亿元，从 2009 年股份制商业银行第五名跃升为国内第一大股份制商业银行，实现弯道超车。能够实现这次弯道超车，离不开兴业银行在同业金融领域中的建树。与其他几家股份制商业银行发展路径不同的是，兴业银行通过差异化"卡位"同业业务，在资本市场上累积同业业务优势，创造出不少奇迹，同业业务也进而带领兴业银行整体业务发展。如今，在兴业银行的"商行＋投行"的战略中，兴业银行更是凭借着同业金融的强盛根基，不断加速"商行＋投行"战略落地，成为服务实体经济的重要抓手。

在同业方面，兴业银行开创了多个行业"第一"：兴业银行是中国国内金融市场第一家成立同业部的银行，当时因兴业银行开拓上海交易所的证券资金清算业务，为此成立同业部，职能是同业加资金，及资产负债；兴业银行在全国首创成立资金营运中心，2003 年，资金营运中心从同业部拆分出来，11月底在上海成立，成为全市场第一个拥有独立经营牌照的资金运营机构；兴业银行于 2004 年开始做银银合作业务，这在当时也是全市场第一；兴业银行在全行业第一个成立银行合作服务中心，2007 年 11 月，筹建以银银合作为基础的机构银行中心；兴业银行在市场上较早开拓创新，成立资管部……

可以说，从 2003 年资金营运中心成立，到 2007 年银银平台成立，兴业银行在同业金融方面开创资产与负债端经营的创新与差异化，奠定其在同业金融领域的绝对领先地位。

创新实现差异化，创新赢得市场。招商银行以"因您而变"的核心经营理念，围绕客户需求持续创新，引领行业趋势，大力打造内外兼修、不断创新的企业文化与客户文化，实现在零售领域的遥遥领先。另一家股份制商业银行平安银行，2016 年底新管理层走马上任后，积极借助集团内寿险、产险、科技等各方面资源，实现平安银行的零售战略转型。城市商业银行里，最亮眼的莫过于宁波银行。在 2010 年大多数商业银行在追逐房地产及地方政府项目时，宁波银行将目光锁定在长三角的中小企业，就此形成自身的差异化经营战略与核心竞争力，贷款收益率超过了绝大多数的国有银行和股份制商业银行。

差异化定位，本质还是敢于突破固有的传统银行思维，选择创新道路。与工农中建交国有银行相比，兴业银行是"小兄弟"，与花旗银行、富国银行等"百年老店"相比，兴业银行更是晚辈。但正是在夹缝中求生存的智慧，敢于迈向未知领域的勇气，在进入新世纪后，使兴业银行依靠同业金融业务拥有了自身独特的标签。

回顾其同业金融业务一路以来的发展，我们总结得出，兴业银行同业金融根基如此强盛，离不开四大关键条件：

一是兴业银行在其同业金融发展历程中，具有极强抓住机遇的能力。

早从 20 世纪 90 年代起，国内社会融资结构开始转变，直接融资逐渐成为大势所趋。同时，社会融资主体需求呈现多样化，但商业银行提供的传统贷款服务难以满足实体经济融资需求，需要提供更多元的金融服务，从而更好促进实体经济的发展。

正是这样的时代机遇下，兴业银行也意识到同业金融业务对中国银行业发展与中国实体经济发展的强劲推动力，因市而为，在 20 世纪 90 年代就踏上同业金融之路。其中，有三次机遇最为关键，分别是 1996 年国内资本市场起步发展时，拾起被同行视为"鸡肋"的证券清算业务，打开了同业合作局面，正式进入同业金融圈；2004 年创新推出银银平台，在构筑起发展的护城河，也联同其他银行机构共同服务实体经济；2010 年开始大力发展非标准化资产业务（以下简称"非标"），同业业务规模快速增长，助推其在股份制商业银行赛道上弯道超车。待其他银行意识到同业业务的巨大吸引力而发力同业业务时，兴业银行早已奠定稳固地位，形成难以替代的核心竞争力。

二是兴业银行具有强大的客户基础，即广泛的朋友圈。

"一个客户都不能少"是兴业银行同业营销客户的理念，在这一理念的驱动之下，历经时间的累积，兴业银行同业客户的覆盖率成为全市场最高的银行之一。其获客能力与方式是与时俱进且颇受行业好评的，一是早在 20 世纪 90 年代，兴业银行就开始以"清结算 + 存托管"为基础，发挥银行在账户管理、资金清结算方面的优势，为非银金融机构提供优质服务，与此类客户构建起良好的合作关系；二是兴业银行推出的银银平台，以科技输出和系统对接为手段，将众多银行接入平台，走向金融与科技的融合之路，累积了一大批银行业内的客户；三是在行业内率先以开放银行的思维，在各类同业客户中搭建场景生态圈，加快金融科技与行业生态的深度融合，将优势从 F 端延伸至 G 端、B 端、C 端，实现批量化获取客户、自动化沉淀存款、精准化提供融资；四是成为提供综合金融服务的服务商与金融市场的综合运营商，不断扩大合作范围，加强合作深度。正是如此多管齐下，使得兴业银行构建起了涵盖境内外、横跨银行、证券、保险、基金等客户群的广泛朋友圈，构建起了可持续发展的强大朋友圈，使得兴业银行服务实体经济有更多的可能性，也形成了自身强有力的竞争力。

三是兴业银行团队具有强大的创新能力。

对于同业金融业务的蓬勃发展，兴业人认为它是兴业银行创新基因最重要的体现之一。在同业金融业务上，兴业银行一直走在创新前沿，总能不断涌现创新的金点子，研发新的服务产品，助推业务的增长。例如兴业银行为了打破实体银行网点的设置的局限，将金融服务延伸至更多偏远地区，打造出银银平台，构建了银行间发展的新格局；在行业信贷规模受到严格限制的情况下，兴业银行开创性的突破存贷比限制，陆续挖掘除场内标准化债券之外的其他同业资产配置，在行业内首创非标业务。在非标创新上，兴业银行从“摸着石头过河”阶段走向“接着石头过河”阶段。一方面以更大规模服务实体经济，另一方面，较高的资产收益率也保证了负债报价能力的竞争力，增强了对负债端的吸引，实现了同业资产并驾齐驱，推动了银行整体利润的快速增长。

四是兴业银行有强大的系统连接能力，能够有效整合同业金融的资源。

银银平台的科技输出与系统对接，是兴业银行强大系统链接能力的体现之一，这背后体现的是兴业银行具有保障的科技能力。如今，兴业银行也正在构建连接一切的能力，不断加强同业系统连接的能力。

总结兴业银行同业金融业务成功背后的整体赋能，也离不开强大的组织、战略、风险控制等体系作为支撑力，且形成合力，成就同业金融业务优势，使同业金融业务能够遥遥领先。

其一是战略上的远见。 战略上的远见源自兴业银行对于市场动向的把控。同业业务本质是金融市场业务，从宏观上看，金融市场业务的发展是金融市场化的必然结果，从微观上看，金融市场业务的发展是商业银行改革转型的必然方向。早在 2000 年兴业银行就首次明确提出要探索发展金融同业业务，并将同业业务视为与公司、个人相并列的三大市场营销系统，开始大力发展同业业务。随后，不少上市银行也纷纷提出"大同业"战略。

其二是组织架构。兴业银行确定发展同业业务后，2001年在总行层面设立同业业务部，专门拓展同业业务，成为国内最先设立这一部门的银行之一。同业业务部致力于产品研发、开拓同业渠道、挖掘同业客户等，形成完整的业务体系，培养了专业的人才队伍。2012年兴业银行在全行层面进行了专业化改革，成立了金融市场总部，其中包含同业业务部、资金营运中心、资产管理部、资产托管部的四个业务部门，以在金融市场聚力发力。同业业务发展也在此次改革中迎来了重要拐点，得到了增长动能。

其三是风险控制。历经多年在金融市场的锤炼，兴业银行已经建立起一套适应自身发展的风险合规内控管理体系。

首先，兴业银行具备前瞻性的市场研究，建立起了与外部市场形势相应的、以内部资金转移定价与经济资本有偿分配为工具，以市场风险管理和资源有效配置为核心，前瞻性管理流动性风险与市场风险，实现银行"盈利性、安全性、流动性"协调统一的现代化资产负债管理体制。

其次，兴业银行在金融市场风险上具有高效的组织架构。始终保存着相对独立、制衡，坚持前、中、后台的分离，同时也注重风险与业务发展有效结合。除此之外，兴业银行不仅专设投行与金融市场风险管理部，使其作为总行风险管理内嵌在金融市场条线的专业风险管理机构，还在资金营运中心内嵌专业的风险管理团队，将风险管理的触角直接延伸至金融市场一线。为保持总分一致，各分行也根据实际发展需要建立起风控防线。

再者，兴业银行在风控上始终坚持"制度先行，流程清晰，规范运作"的工作原则，严格按照监管要求，出台相应的制度与管理办法，并严格落实，让每一个工作环节都能溯源。与此同时，也根据实际情况变化，优化内部运作流程，保证业务的高效、科学落实。

除此之外，兴业银行在不断健全风控手段。以流动性风险管理为例，兴业银行会根据外部形势的变化与自身发展需要，制定全行统一的流动性风险偏好、流动性风险管理策略以及风险指标限额等，以加强对流动性的管控。

可见，兴业银行能够成为"同业之王"，离不开关键条件与背后强大体系的支撑，它们缺一不可。正是在这些合力的作用下，兴业银行同业业务如同无数溪流星罗棋布，将源源不断的水源汇入兴业银行这条大河里，带动了全行的规模增长。

在中国对资本市场发展日益重视，直接融资比重提升的现状下，兴业银行将凭借着优异的同业金融业务的根基，在未来资本市场发展过程中，获得更大的增长空间，更好服务实体经济，助力中国经济发展。

第二节　银银平台何以成为护城河

"当一位青海的老太太通过银银平台购买到兴业银行的优秀理财产品，这就是中国金融深化最真实的脚步。"这是国务院发展研究中心金融研究所副所长巴曙松解读的兴业银行银银平台金融云服务的社会价值。

无独有偶，2021 年，在一场西泽研究院组织的交流会上，一位业内资深人士提出，中国银行业曾经有四次代表性的商业模式创新，前三次分别是招商银行零售改革、深发展供应链金融、民生银行的事业部改革和小微金融，第四次正是兴业银行的银银平台，而目前还未出现第五次较大的商业模式创新。

当偏远地区老人能通过银银平台购买到兴业银行的优秀理财产品时，这就意味着中国金融深化进程取得真实性成效。"是科技与业务融合的伟大尝试，也是与众不同的 F 端（同业金融市场）产品创新"外界对银银平台的评价一点不为过。对于兴业银行来说，银银平台缔造了其 F 端的超级护城河，建立了长期稳固优势，依靠银银平台，兴业银行构建庞大的同业网络，曾经在同业金融市场业务的黄金时期做出重要贡献。对于中国银行业来说，银银平台既是商业模式的创新者，又是开放银行的领跑者。

抓住痛点，推出首个产品"柜面通"

银银平台渊源来自二次创业期间的全国化布局，受制于资源和资金，兴业银行很难在短时间内将网点铺设到三四线城市，时任兴业银行行领导敏锐地发现，城商行、农商行、农信社等广大中小银行在三四线城市内拥有丰富的营业网点，但技术基础薄弱，缺少异地网络支撑，难以满足客户异地服务需求。

资深投资人李庆丰在其著作《T型商业模式》一书中解读银银平台，他形象地说道，战略联盟形成深度合作，必须有"干柴烈火"一样的痛点与渴望。当时，城商行和农信社等地方性中小银行的痛点在于：一是不能直接接入人民银行的大额支付结算系统，资金邮路迂回曲折，周期很长；二是网点被限定在地方区域，自己没有产品开发能力，只能提供存贷款服务；三是资质、资金、技术、人才等因素导致无法与国有银行同城竞争。恰好兴业银行拥有众多网点，快速发展创新业务，加之兴业银行经过多年研发积淀，当时已经推出了拥有自主产权的核心系统，成为除工商银行、建设银行以外的国内第三家掌握自主知识产权系统的银行。从 2004 年开始，兴业银行就开始筹划与中小银行合作的工程，提出"联网合作、互为代理"的银银平台发展构想。2005 年，第一期系统完成开发，兴业银行携手第一家客户浙江泰隆商业银行，推出了第一个产品"柜面通"。

柜面通上线后，兴业银行和浙江泰隆商业银行的零售客户能在彼此的柜台办理存取款和转账。因此兴业银行就算不在泰隆商业银行所在的台州市建立网点，兴业银行的客户也能在台州利用泰隆商业银行存款、取款、转账、查询。

一种"科技＋同业"的模式被摸索出来，兴业银行是首创。泰隆商业银行之后，第二家柜面通客户，第三家柜面通客户，第四家、第五家、第六家……这个数字迅速到几百家增加，单点逐渐成网。数百家中小银行与兴业银行相连，中小银行的网点便变成兴业银行的网点，拓展了自己在三四线城市的网点。

科技输出，从东营市商业银行开始

柜面通推出后，兴业银行与城商行、信用社等中小金融机构合作的过程中，发现中小银行的 IT 技术相对落后，核心系统不稳定，经常出现联网有误，但因为银行 IT 系统改造投入巨大，中小金融机构 IT 基础薄弱、人才缺乏，很难凭一己之力成功完成系统建设，只得将有关业务外包给 IT 公司。可这也面临外包 IT 公司关门的风险。在派出专家帮助小银行查找问题、改进系统的同时，兴业银行发现其中蕴藏的巨大空间。此时，一家大型科技企业找到兴业银行，希望一起合作，为中小银行提供核心系统研发的项目服务。

考虑到自身掌握有系统研发的自主产权，兴业银行决定独立承担科技输出业务的研发。这样，兴业银行不仅能保证持续为客户提供优质高效的服务、满足客户更多需求，而且能为自身高质量、可持续发展铸造新引擎。尤其是兴业银行自主研发的核心系统，为其开创银行业"同业输出"这一新盈利模式，提供了强大的技术支持。

超越其他股份制商业银行拥有自己的核心系统，这让兴业银行成为同类商业银行中的科技翘楚。

"中国很大。不过我们这个很大的国家，可以说只有两块地方：一块叫城市，另外一块叫乡村。"《城乡中国》一书里如是说。一直以来，中国城乡金融资源配置都不平衡，随着改革开放的深入，鸿沟逐渐加深。农村和城市比较起来，金融竞争落后且不充分，金融服务质量亟待改善。

基于掌握核心知识产权的得天独厚技术优势和全国化扩张过程中形成的 IT 资源快速部署能力，再加上中小银行面临的实际处境，兴业银行很快延伸出了一项特殊的业务——科技输出。

2006 年，兴业银行济南分行发现东营市商业银行因发展有强烈的核心系统建设需求。因此济南分行和兴业银行总行联动，开始和东营市商业银行洽谈核心系统业务提供输出合作。

经过一轮轮谈判，双方在 2006 年签订技术管理服务协议。

鉴于东营市商业银行业务体量比较小，兴业银行基于原有核心业务系统，为东营市商业银行量身定制适合其发展的核心业务系统，并负责系统的远程灾难备份和日常维护。

2007 年 6 月，核心系统合作项目成功上线，兴业银行开创国内商业银行向金融同业输出核心业务技术管理的先河，正式踏出科技输出道路。

核心系统犹如一个银行的心脏，负责处理全行的业务数据。东营市商业银行换上"兴业心脏"之后，运营成本大幅降低，内部产品创新及业务推广效率提高。在与兴业银行合作后，东营市商业银行后来的发展非常迅速。东营市商业银行的样板工程被树立而起，其他中小金融机构自发地被吸引过来了。

兴业银行的科技输出，对银行业发展具有重要意义。对中小银行而言，既可减少大规模投资，又能保证系统持续升级和安全运营。相较于传统 IT 服务提供商，兴业银行并不靠提供 IT 服务赚钱，而是通过其他服务获得综合收益，在价格和维保服务上优势明显。

对兴业银行而言，可与中小银行柜面系统互通，打破了全国化布局中必须布设物理网点的局限。借用技术支点，撬动全国成百上千个城商行、农商行、信用社，将它们的网点收为己用，可以看作利用技术优势，超前突破传统网点局限。双方合作共赢，有助于银行间的生态共建，共同发展。

2007 年 12 月 1 日，为帮助更多同业中小银行的发展，兴业银行正式发布"银银平台"，向中小金融机构提供更加完善的科技输出服务，业务范围涵盖科技输出、支付结算、资金运用、财富管理、外汇代理、融资服务、培训交流、资本及资产负债结构优化等八大板块，服务体系更加完善。这让银行之间的合作突破了单纯的业务互补，使得同业之间的合作更为紧密，成为兴业银行维护客户关系的宝藏，为日后的深入合作奠定了基础。为进一步做大科技输出业务，2015 年，兴业银行成立兴业数字金融服务公司，将科技输出业务产品作为旗下专门研发运营的重要板块。

东营市商业银行之外，邯郸银行、九江银行、景德镇银行、新乡银行、库尔勒银行、哈密银行、达州银行、雅安银行等城市商业银行也都成为兴业银行核心系统的输出行。此外，还有众多的村镇银行。兴业银行服务的中小金融机构，签约的科技输出银行，最多达到了 400 多家，上线运行得最多达到 218 家。

银银平台通过一种新的商业模式——"科技＋同业合作"，将兴业银行与广大的中小金融机构连接。兴业银行与中小金融机构分享优质财富产品、科学技术、创新产品，还有先进的管理制度、公司治理、风险管理理念等。

在客户开拓的同时，兴业银行还在进行产品的更新。2008年，"柜面通"升级为"柜面互通"，将联网范围扩大，不仅让合作银行与兴业银行实现柜面系统相通，还让合作银行之间能够两两互通柜面业务，实现相互代理。

也就是说，参与柜面互通的所有金融机构，其客户可以在任何一家联网的营业网点存取款、转账查询。柜面互通让原本孤立的支付孤岛接入结算网，实现网点从 1 到 n 的裂变。通过网点，中小银行客户可以轻松连接全国，从孤岛走向宽阔金融天地。

成为中小金融机构综合服务商

2007 年，银银平台正式推出后，兴业银行构建了中小金融机构综合服务商这一目标。达成目标的过程中，需要兴业人坚韧的毅力。今天来看银银平台的成功，有几大重要的因素：第一，银银平台不是银行的主流业务，初期看不到收益，但管理层非常有战略眼光，认为这件事情值得做；第二，银银平台的构建与市场是匹配的，与兴业银行能力是匹配的；第三，组织架构的优化调整，同业部原本只是一个处室，2007 年兴业银行成立二级部门银行合作中心，组织上打造了保障；第四，兴业银行内部资源整理和输出能力极强，八大板块不是银行中心一个部门能搞定，需要多个部门协同。

有媒体评价，银银平台的推出，成为兴业银行"两个转变"经营转型的一记重锤，依靠此，兴业银行做出了规模，做出了效益。

时至今日，银银平台已成为兴业银行的护城河。通过该平台，兴业银行能全面满足合作伙伴自身的投融资需求，服务它们的客户，从而提升客户黏性，构建起共享、共赢的同业合作生态圈，以应对瞬息万变的市场。

银银平台的诞生，放在整个银行业中都是具有重要意义的。第一，它打破了过去银行间竞争大于合作的格局，双方能够通过平台实现资源共享，实现同业合作。第二，它开创了国内商业银行新的盈利模式。兴业银行成为"中小金融机构银行服务的专业提供者"，在提供传统金融服务之上，还把技术、管理、科技等也作为服务产品提供给同业，这是此前国内银行业中几乎不存在的现象。通过银银平台，不仅所有合作银行都会从中受益——兴业银行赋能中小金融机构提升经营和客户服务能力，兴业银行也能实现逆转，从总部偏居二线城市福州，攻城略地至全国，直逼股份制银行头把交椅。此外，还有助于中国金融机构将更多优质的金融产品输送到乡村，共同助力绿色金融、乡村振兴等生态场景打造，实现共同富裕。

第三节　债券承销成"金字招牌"

众所周知，兴业银行是银行间债券市场最活跃的主承销商之一。自 2012 年起，兴业银行债券承销业务就一直在同业中保持排头兵的态势，连续 3 年获全市场第一，连续 9 年位居同类行第一，成为兴业银行的一张金字招牌与竞争优势。2022 年兴业银行非金融企业债务融资工具承销规模 6861 亿元，承销支数排名市场第一、承销规模排名市场第二，为实体经济高质量发展广引金融活水。

在"商行＋投行"战略方向下，兴业银行依靠发债业务优势基础，不断强化债券投资、销售、交易等各环节能力，提升服务实体经济质效。

锚定债券承销业务，对于兴业银行而言具有非凡价值。一方面，在金融脱媒大趋势下，债券市场已成为企业完成直接融资最重要的"大动脉"之一，仅次于传统银行信贷，是各家银行的必争之地，其间大有作为。另一方面，金融的本质是服务实体经济，兴业银行拥有资源优势，能够以债券承销业务为抓手，搭建起融资企业与债券市场之前的桥梁，全力支持实体经济发展，助力中国经济发展。这是兴业银行多年以来，在债券承销业务上布道、深耕，做大做强"债券银行"版图的重要原因。

如今，兴业银行债券承销业务成就有目共睹，在市场形成具有竞争力的标杆效应。而这背后的发展逻辑，也一直是业界人士热衷探讨的课题。兴业银行债券承销业务取得成就离不开几大关键因素，一是足够具有市场基因；二是紧跟国家战略、实体民生需要、自身赛道需求，创新业务，打造全谱系债券产品方阵；三是持续不断的专业投入，打造债券承销业务基石；四是"商行＋投行"战略推动下，集团多轮协同驱动，打造生态圈，赋能"债券银行"发展；五是多管齐下，强化风险控制能力，形成一套合规有效的管控办法等。

兴业银行的市场基因优异是行业公认的。在国内商业银行发展投资银行业务早期，兴业银行明确自我优势，在客观条件受限的情况下，以债券承销业务为主要突破口，打开了投资银行业务蓝海。最初，兴业银行企业债发行通道受限，直到2009年中国银行间市场交易商协会推动发浮动利息债未对发行通道进行限制。兴业银行瞄准时局迅速帮助许多企业发行浮动利息债，一举扩大在发债领域的市场份额。此后，兴业银行对发债业务进行引导培训，迅速跟进相关营销。依靠良好同业基础，在债券承销领域形成先发优势。

兴业银行在债券承销业务上保持创新，构建起全谱系债券产品方阵。早期，兴业银行在债券承销上背靠同业资源优势，开创性的通过与专业投行合作，成功将债券承销业务扩大到金融债券，并且与专业投行共享金融债券承销费用，与金融同业合作打造了竞争价值链条，创造新利润增长点。此后，兴业银行还在债券承销上从业务布局领域出发，遵循"三符合"原则（符合国家战略导向、符合实体民生需要、符合自身禀赋的产业与行业），持续不断根据需求创造产品，加之广覆盖、深合作的同业生态圈，兴业银行逐步构建起全谱系债券产品方阵。

作为国内系统重要性银行，关于服务国家战略落地，兴业银行在债券承销上承担起金融主力军的重担。在迈向共同富裕的道路上，发行市场首批乡村振兴债券；在"绿水青山就是金山银山"的理念与"双碳"目标下，创新发行中国首批碳中和债、首单碳中和并购债权融资计划、首单权益出资碳中和债、首单蓝色债券等；在新冠疫情防控阻击战中，创新发行首单疫情防控债……如此数不胜数。而针对企业实际需要，兴业银行也针对性提供创新产品，真切实际解决实体经济的痛点。例如服务科创型一类的新兴企业，兴业银行充分依托投行生态圈，提供多元金融服务。

全谱系的债券产品方阵，成为兴业银行成功扩充债券银行版图的直接原因，推动了兴业银行债券承销业务突飞猛进。在债券承销上，创新已经成为兴业银行在服务实体经济发展的高质量旗帜。

在债券承销上持续不断的专业投入，成就了兴业银行债券承销的基石。兴业银行以专业、高效的团队成为债券承销基石，广纳人才，重视培训，形成良好的协作方式。过去，在投行业务层面，兴业银行各层级都非常重视这一业务，总、分行之间形成明确分工，形成了总、分、支行三级联动的债券业务专业团队，从债券承销端至投资端，内部都能形成高效联动，确保债券业务效率、专业、质量等方面均处于行业领先。历来的重视，使得兴业银行有能力根据外部环境的差异性，探索差异化的投资银行服务方案。

在近年兴业银行大力推进的"商行＋投行"战略中，兴业银行更是多轮协同驱动，不断完善协同机制，从"商行＋投行"1.0 的以投承协同为核心的"研投承销托"的系统机制，到"商行＋投行"2.0"投承、投贷、投私、投研"的四大协同机制建设，打通了资产端与财富端、产品端与资金端、客户端与研究端，最终形成完成且畅通的生态闭环。

为全面落实四大协同机制建设，实现债券承销业务可持续领跑，兴业银行更是在投资银行战略推动组中，成立"投承协同""投贷协同""投私协同""投研协同"四大敏捷工作小组。

其中，"投承协同"主要由总行投资银行部牵头，其余重点部门配合，通过债券投资支持重点客户债券承销。将总行投资银行部在债券承销上的优势与资金营运中心、兴银理财等重点单位在投资与交易上的优势相结合，提升优质资产的可得性与投资效率，通过投承联投促负债、开拓客户、增加利润。

"投贷协同"以普惠金融部（乡村振兴部）牵头，总行投资银行部等重担部门配合，进而聚焦投贷联动业务，以实现内部投贷联动全覆盖、外部投贷联动择优合作，做到"投贷"双向协同。

"投私协同"以总行私人银行部牵头，投资银行部等相关部门与子公司做好配合，以打通大投行资产与大财富资金。一方面，做好大投行资产与普通零售财富资金对接基本盘，另一方面，在复杂结构私募债券与权益类产品方面，通过私人银行的渠道为资本市场业务产品、权益投资产品等提供合适的资金来源。再者，在"商行＋投行"的产品体系之下，投资银行部可与私人银行部定期对接私人银行部客户背后的企业沙盘等，使得总行投资银行部等牵头对沙盘客户进行"商行＋投行"的产品对接，满足客户的金融服务需求，提高与私人银行业务的联系，从而促进私人银行业务的发展。

"投研协同"则是让研究赋能投行债券业务，让兴业研究公司牵头对行业进行系统性研究并给予研究成果赋能，总行投资银行部等产品部门则根据客户部门和研究公司的营销策略与研究成果，匹配相应产品方案。其背后的逻辑在于，各行业商业逻辑、商业模式、行业周期、产业链结构、风险等级等都具备个性，只有对这些行业进行深入了解，按照行业特点匹配相应的"商行＋投行"产品体系，才能精准直击客户痛点，在把控好风险的前提下，满足客户需求。

协同机制的完善，不仅对债券承销业务领跑市场具有强大的带动作用，同时债券承销切入融资，也能帮助兴业银行由点及面渗透客户，与商业银行传统的融资体系深度协同，带动"商行＋投行"战略的整体发展。

风险控制是银行的底线，债券承销发行与市场息息相关，具有保障的风险控制能力能够避免债券承销带来的市场风险。而兴业银行的风险控制能力在行业中也数一数二。为护航债券承销发展，兴业银行尤其重视风险识别能力与风险化解能力。风险识别是风险控制的首要前提，兴业银行经过多年在债券承销业务领域内的深耕与能力积淀，已经在客户准入标准、业务流程、后续跟踪等全流程形成了一整套有效合规的办理办法，以前置风险，实现风险控制；风险化解是风险控制的补充，兴业银行同样在风险识别的基础上，不断提升化解风险的专业能力，合法合规化解好债券承销领域的各类风险。

债券承销能够成为兴业银行投行业务的一张"王牌"，是环环相扣的优势带动，是长期主义的结晶。2022 年，兴业银行债券承销成绩依旧亮眼，承销支数稳居全市场第一宝座。在未来的直接融资市场中，在"商行＋投行"战略的引领下与长期优势的加持下，兴业银行"债券银行"的版图将会持续扩充疆域，债券承销这张王牌也会成为兴业银行这艘 9 万亿巨轮的超强动能。

第四节 "商行 + 投行"缔造价值型银行

"商行 + 投行"战略是兴业银行把握大势、顺势而为的重要体现。从国际银行之间的竞争来看,全球各大银行的竞争相较于某一维度,更偏向综合实力,以便挖掘更多市场份额、客户资源与新增长空间。从资本市场发展趋势来看,直接融资是大势所趋,且比重不断升高,尤其我国在"十四五"规划和2035 年远景目标都提出提升直接融资比重的重要意义。从兴业银行发展轨迹而言,在中国银行业发展的黄金时代,同业业务曾支撑起兴业银行发展的半壁江山,一度推动兴业银行坐上股份制商业银行"头把交椅",但随着外部环境的变化,兴业银行必须谋求突破与转型,找到新发力点,"商行 + 投行"就是最佳出路。

2016 年,兴业银行在新一轮五年发展规划中,提出"商行 + 投行"的经营策略。意在强调以客户为本、商行为体、投行为用,通过商行与投行协同配合,致力成为优秀的金融服务供应商,推动兴业银行从规模银行向价值银行转变。2017 年,兴业银行正式发布并启动这一策略,成为中国银行业首家提出"商行 + 投行"的商业银行。

值得一提的是,投行在这一战略推进中至关重要。投行类似泛金融市场,不仅包括投行部门的业务,还包括资产管理、资产托管、资金营运部门的业务,以及信托、基金、期货、证券等相关子公司的业务，涵盖所有公共产品部门和主要子公司。于兴业银行而言，"商行＋投行"是兴业银行传承同业业务优势，增强特色的持续升华。这一业务在新时代下承担起新的发展使命——引金融市场之水灌溉实体经济之花。

与从前的同业业务相比，新时代下的同业业务已成为战略中"投行"的重要部分，兴业银行通过构建的同业业务金融生态圈，加深与大型金融机构的合作，充分释放同业合作优势，做好大投行业务。同样，得益于长期在直接融资市场的耕耘，兴业银行早已形成良好的投行思维、文化、体制机制等，这也是兴业银行这一战略推进中的优势所在。

战略实施以来，商投并进、融合互动已成为兴业银行的发展常态，投行切入，商行跟进；投行获客、商行稳客、进一步"黏客"的综合经营体系已成形。2022 年，兴业银行进一步提出"商行＋投行"2.0，强化优势，围绕"＋"做文章，实现"1+1 ＞ 2"的效果。

在方正证券看来，兴业银行"商行＋投行"的战略打法带来了以下贡献：一是拉动融资；二是维系客户；三是吸纳存款；四是协同创收；五是综合化客户服务中收与营业收入占比增加。

具有开创意义的是，兴业银行不仅成为业内商投并举战略的领跑者，还是对公端综合金融模式的领跑者。浙商证券认为，"对公端综合金融模式还未有典型银行，兴业银行提出和推进'商行＋投行'战略，是对公综合金融赛道的先行者和领军者，有望成为未来十年风口上的银行。"

转型升级扬长创新

早在2014年时任兴业银行行长李仁杰就提出，兴业银行要以投行方法来做商业银行的业务，要把资本市场的直接融资与商业银行的间接融资结合起来，做企业的财务顾问，为企业资产负债提出建设性的服务方案。2016年银行业的大检查，让兴业银行这一模式得到实质性的推动。

2016年下半年，我国银行业监管单位为引导同业业务规范化发展，保证国家对经济的宏观调控，加强对银行同业业务的整治，在国内银行全面铺开"三三四十"①检查，要求银行去嵌套、降杠杆。兴业银行同业资产需要降压。同时，综合化经营是商业银行大势所趋，兴业银行不断完善综合经营布局，成为银行业中少有的以银行作为母公司控股的金融牌照最全的银行，可谓名副其实的现代金融服务集团，因此为适应新的经济

---

① 三三四十：指在银行业全系统开展的"三违反、三套利、四不当、十乱象"大检查。其中，"三违反"指违反金融法律、违反监管规则、违反内部规章；"三套利"指监管套利、空转套利、关联套利；"四不当"指不当创新、不当交易、不当激励、不当收费；"十乱象"指股权和对外投资、机构及高管、规章制度、业务、产品、人员行为、行业廉洁风险、监管履职、内外勾结违法、涉及非法金融活动等十个方面市场乱象。

环境，兴业银行主动转型升级，"商行 + 投行"应运而生。

在业界看来，兴业银行对自身定位极其清晰，在经营策略制定上非常注重从自身资源禀赋和业务特点出发，来打破银行同质化发展局面，找到自身特色化道路。"商行 + 投行"是兴业银行基于金融市场的优势量身定制的，它需要银行运用投资思维来看待一家企业的价值。

值得一提的是，投行业务与同业业务一样，是兴业银行的传统优势业务，兴业银行也由于长期深耕直接融资市场，形成了牌照、业务、机制、文化等优势，被市场称为中国最具投行思维的商行。此外，兴业银行已经连续领跑行业债券承销市场多年，能够强劲带动商行业务发展，真正实现所谓"商行为体，投行为用"。

因此，投行业务是兴业银行在新时代经济机遇下华丽转身的重要抓手，也是兴业银行创新差异化发展的体现。正如兴业银行原行长陶以平在 2021 年报致辞中表示，"商行 + 投行"并非中庸之道，特色经营、差异发展始终是兴业银行的立世哲学和竞争法宝。

投行业务非传统商业银行业务，值得思考的是，为什么兴业银行投行勇立潮头？略览世界顶级投行的发展，不论是高盛还是大摩，它们能够成为世界头部投行，都离不开紧抓机遇、发力差异优势以及清晰的发展战略等，不断巩固在投行的竞争力。它们成长路径，也在一定程度上反映出兴业银行投行业务的发展逻辑。

从机遇来看，兴业银行是同业中较早涉足投行业务的商业银行之一。

20世纪90年代后国内股票市场发展，金融脱媒浪潮迭起，直接融资比重提高，兴业银行抓住机遇，开设投行业务，由资金营运中心专业团队负责。随着银行投行业务的需要与发展，国内各大商业银行投行部及类似机构相继落地，兴业银行也于2005年正式设立投资银行部，定位于银行系投行，投身并深耕于资本市场创新发展。

从利用差异优势来看，投资银行部成立初期，兴业银行与国内大多数银行一样，业务集中于债券承销与财务顾问这类基础业务，处于摸着石头过河阶段。但随着不同银行专业、资源、见识、意愿不同，银行间投行业务的差距也愈发明显。相较其他银行，兴业银行抓住标准化债券承销发行与非标的差异化发展优势，走出兴业特色，在投行领域一路领先。

股权权益投资就是兴业银行根据客户需求挖掘出的众多非标产品之一。兴业银行选定该项业务赛道进行深耕，并通过有效的投决与风险控制机制，形成一揽子股权投资逻辑梳理，从而达到储备项目等目的。在这一过程中，兴业银行的角色如同中介，让客户和标的对象满意，就会在这方面形成口碑效益，积累更多的机会，从而赚取两者之间的管理费。

从战略意识层面来看，兴业银行认为做好投资银行业务，就能达到阿基米德所说的杠杆原理。同时，这也是兴业银行应对金融发展形势，推动综合化经营，提高自身核心竞争力的必然选择。所以，兴业银行极其重视投资银行业务发展，并从战略层面赋能业务发展。

2012 年，兴业银行进行条线专业化改革。投行作为兴业银行重点战略业务之一，在此次条线化改革中优化了业务运行机制，细化了业务操作流程，强化了业务风险内控管理。行内人士更称此次改革为"投行突破"。

2014 年，兴业银行在股份制商业银行队列中更显经营特色，提出以"大投行、大财富、大资管"为业务抓手，把投行业务正式纳入全行发展战略体系，实现业务的转型升级。

2017 年发布"商行＋投行"战略体系，进一步发挥投行的优势来带动商行的发展，实现彼此的赋能。

2022 年提出"商行＋投行"再出发，推出了"商行＋投行"2.0，进行战略的深化拓展、完善产品创新体系、协同机制，还对风险模式、考评机制等都进行专业化升级，形成人无我有，人有我优的局势。正是兴业银行在战略上对投行的层层赋能，使得投行人才、机制等资源汇聚，兴业银行的投行业务能够稳健发展。

战略引领厚积薄发

在投资银行上，兴业银行坚持贯彻在"商行＋投行"战略，将自身定位为"全市场一流投资银行资源整合者"，运用大投行思维，利用债券承销、并购融资、银团贷款、私募债权等融资业务工具，撬动并加速战略落地，不断擦亮"投资银行"名片。

在具体实践中，为充分释放战略中投资银行的优势效能，兴业银行有三步关键打法：

第一，深耕金融市场生态链，构建广泛的"投行生态圈"，巩固强化"大投行"的撮合、投资、交易与做市能力——对内整合丰富的集团牌照，对外联动大中型非银行金融机构，同时利用多元融资工具，为客户提供一揽子金融服务。

值得一提的是，兴业银行在与外部金融机构合作上，打造了权益投资"投联动"朋友圈，借助非银行机构业务优势，对优质企业进行跟投；构建了资产流转平台"兴财资"朋友圈，将企业客户"股、债、贷、转"融资需求与理财子公司、信托公司等机构对接，提高融资效率。

第二，利用广泛"投行生态圈"，发挥投行这一传统业务优势，利用融资业务工具，铺开企业融资渠道，满足企业多样化需求。同时，通过投贷联动覆盖企业全生命周期融资需求，不论是企业初创期、成长期，兴业银行都有能提供相应的融资方案与服务。

第三，通过"投行生态圈"切入企业，商行迅速跟进，打通企业合作链条，实现商投联动。"商行＋投行"一揽子产品组合，满足企业"融资＋融智"需求，进而带动项目融资、结算等商行业务，实现商投并举。

在此逻辑之下，兴业银行投资银行名片持续闪亮。2022年，非金融企业债务承销持续创新突破，承销规模连续多年保持市场前列；境外债承销规模 77.67 亿美元，同比增长 4.44%，列中资股份制银行第一；并购融资落地 1621.35 亿元，首次年内突破千亿元，同比增长 77.01%；银团融资落地 2714.07 亿元，同比增长 61.06%，资本市场业务同比增长 83% 至 278 亿元。公司实现投行业务收入 44.54 亿元；投行业务重点集团客户突破 606 户，带动集团重点客户结算性存款日均 5860.94 亿元，较上年末增加 1077.29 亿元。

随着"商行＋投行"战略深入推进，兴业银行表外资产占比与非息收入这两项关键指标的占比持续提升，驱使兴业银行ROE（净资产收益率）企稳回升，价值增长，凸显此战略转型成效。

就兴业银行非息收入而言，2022 年，实现非息收入 771.01 亿元，同比增长 2.04%，非息净收入在营业收入中占比 34.67%，同比增长 0.52 个百分点。[①] 不可忽视的客观环境是，2022 年全球经济都面临一定的发展压力，此条件下非息收入增长极其艰难，但兴业银行实现这一指标增长，逆势上扬，足以见证"商行 + 投行"战略的推进为兴业银行带来的发展动力，也助力兴业银行从规模银行向价值银行转变。

非息收入的增长离不开投行业务的带动，兴业银行原行长陶以平所言，"我们经常说'商行 + 投行'与非息收入之间不能画等号，但战略推进下来，投行确实更有用武之地，非息收入'花自然会开'。"正如此言，在"商行 + 投行"的战略推进中，大投行业务优势进一步提升，多项指标领先同业，成为国内商业银行投行领头羊。

就 2022 年业务数据而言，一是债券承销依旧是兴业银行差异化竞争力，非金融企业债务融资工具承销金额位列市场第二，支数第一；承销境外债券规模位列中资股份银行第一。

二是资产流转业务得到更好发展，通过投行生态圈打造了市场资金外循环机制，实现资产流转超 4000 亿元，其中信贷资产证券化与银登中心资产流转位列银行业第二，股份制银行

---

① 兴业银行股份有限公司2022年年度报告。

第一。

三是并购与资本市场业务呈现新活力，在并购业务上，兴业银行从过去的房地产赛道转型新兴产业赛道，并购融资首次突破 1000 亿元。在资本市场上，重构以股票质押和可转债配资为核心，以战略配售、员工持股、股权激励为主要突破口的资本市场产品体系。

四是在权益投资上，兴业银行整合了内部权益投资功能与团队，打造了更加合规、专业与体系化的权益投资综合能力与品牌，落地了不少优质项目。

更重要的是，商投联动效益显著。2022 年，兴业银行投行业务重点集团客户较 2021 年新增近 100 户，达到 600 余户。落地投行业务的重点集团日均结算性存款 5860.94 亿元，较 2021 年新增 1077.29 亿元，投资银行业务实现集团内各部门、各子公司联动供应资产 3133.92 亿元；带动代发工资客户超 4 万户、私行客户新增超 230 户。[①]

兴业银行的实践成果，体现出"商行＋投行"是正确的战略之路。在这一过程不少银行也跟随兴业银行提出了"商行＋投行"的发展方式，足以见证兴业银行在市场化上是具有前瞻性的。

---

① 兴业银行股份有限公司2022年年度报告。

　　国内商业银行投行业务发展到今天，从同质竞争，到走出了自己的特色和模式。选择"商行＋投行"这条差异化发展之路，是兴业银行顺应了时代。在"商行＋投行"引领下，不断取得成绩，使得规模稳健增长，是时代成就了兴业银行。兴业银行的差异化王牌，将会推动兴业银行转向价值银行，助力中国金融高质量发展。

第六章

财富银行：
推动高质量发展

自中国改革开放以来，经济发展得如火如荼，伴随而来的是居民财富的节节跃升。在这种情况下，中国居民对金融类资产配置的需求有了质的飞跃，中国财富管理市场发展空间变得巨大。根据 2021 年 8 月 31 日，《麦肯锡中国金融业 CEO 季刊》发布数据，截至 2020 年底，中国个人金融资产已达 205 万亿元人民币，创历史新高，成为全球第二大财富管理市场。预计到 2025 年，中国个人金融资产的复合增长率将达 10%。

而就银行业务未来发展方向而言，财富管理业务有着巨大优势。因为财富管理业务不仅具有轻资产、高盈利、低波动的优势，是银行经营业绩重要的稳定器、平滑器，而且"线长""面广"，涵盖包括投行、资管、信用、咨询等在内的多个领域，能最大限度地延展公司的价值链。在这样的背景下，银行作为其中的重要参与者，竞相争夺财富管理市场这一蛋糕。兴业银行也不例外，将财富管理业务发展放在了重要位置，提出树牢擦亮财富银行名片，致力建设一流的财富管理银行。

与此同时，"金融为民"一直是中国银行业的初心与使命。在这一金融底色上，兴业银行坚持把财富管理作为回答共同富裕时代答卷的重要途径，努力推动财富管理大众化、普惠化，力争做到让"人民金融为人民"，让看起来高大上的金融服务真正做到了"飞入寻常百姓家"。

第一节　打造财富银行名片

从 2022 年各大银行发布的年报数据来看，受资本市场整体表现偏弱影响，各大银行财富管理业务收入普遍有所下降，这也符合市场预期。在这样的状况下，兴业银行出现逆势正增长，则显得有些引人注目。

据兴业银行 2022 年财报显示，兴业银行理财规模首次突破 2 万亿元，综合理财能力连续 21 个季度蝉联全国性商业银行榜首。其中，符合资管新规的新产品规模占比提升 4.45 个百分点至 98.58%，固定收益新产品规模较上年增长 30.55% 至 2 万亿元。零售客户数增长 15.8%，达到 9175.2 万户，其中，银银平台销售理财产品超 5100 亿元，合作机构超 300 家，财富货架突破 1 万只；零售 AUM 规模达 3.37 万亿，较年初增长 18.33%，超过其过去 5 年复合年均增长率，增速远高于全国银行平均零售 AUM 的 12.2%；个人存款余额首次突破万亿元，占各项存款比例达到 22.99%，较上年末提升 4.52 个百分点。

与此同时，在热门的个人养老金业务上，兴业银行也遥遥领先大多数同业，截至 2022 年末，养老金开户近 230 万户，在养老金开户数上位列同业第三。

财富银行成绩亮眼，然而罗马不是一天建成的。回顾财富银行的发展历程，兴业银行可谓"春种一粒粟，秋收万颗种"。在早期传统市场被国有大行占领之际，兴业银行敢于吃螃蟹，另辟蹊径，从理财产品获客带动存款增长，逐步站稳市场。2003年，在同业中率先提出推进业务发展模式和盈利模式转变，大力发展理财等表外轻资本业务。2004年，在全国范围内较早推出了"万汇通"外币理财产品，抢抓先发优势。同年年底，快马加鞭推出第一期人民币理财产品"万利宝"。此后，创新不断，在全集团产品谱系下功夫，优化财富销售渠道。

兴业银行与其他股份制银行发展财富管理从零售发力相比，有其自身显著特点，即结合自身资源优势，从金融市场切入，把同业与金融市场业务"全客群、全市场、全产品、全链条"竞争优势延续至财富银行领域。就渠道建设而言，经过多年布局，兴业银行已经构建起全市场、全场景、全天候的客户触达网络，形成"零售 + 金融 + 同业"的全渠道销售格局，渠道优势尽显。例如"银银平台"连接中小金融机构，将财富管理服务延伸至千家万户；"钱大掌柜"汇集行内外丰富多样的理财产品，为客户提供丰富理财体验；"社区支行"打通金融服务最后一公里，线上、线下立体式的渠道建设打开了财富管理客户群体的面积。尤其是在"商行 + 投行"战略赋能下，投行生态圈的协同与整合，加快兴业银行资产流转，为理财业务提供更多高收益资产，反哺财富管理板块。

面对新阶段如何擦亮财富银行名片，兴业银行现任董事长吕家进坚定信心，在 2022 年度业绩说明会上表示，要逐步实现表外财富管理规模和表内资产管理规模 1:1，再造一家兴业银行！兴业银行财富银行的新增长点，值得期待。

布局财富管理新赛道

伴随着财富管理进入"大蓝海"时代，越来越多的金融机构涌入财富管理领域。各大银行更是各显神通，竞逐财富管理赛道，想要率先抢占财富管理市场份额，分得财富管理发展时代红利。

对此，各大银行针对财富管理，纷纷进行战略布局，力争抢抓市场机遇。早在 2018 年，光大银行就率先将财富管理上升至战略高度，并认为财富管理是自身的"破茧之战"。[1]邮储银行在 2022 年的中期业绩发布会上，也明确表示，将不懈推进财富管理战略，将网点、客群、储蓄存款等资源禀赋优势转变为财富管理发展优势，实现由"储蓄银行"到"财富管理银行"的蝶变。其他如招商银行、平安银行、中信银行等股份制

---

① 证券时报. "财富管理银行"愿景如何落地？拆解6万亿银行战略打法！两大指标创新高，年内新增1000余名科技人员[EB/OL]. (2022-08-31)[2023-10-13]. https://baijiahao.baidu.com/s?id=1742634905552373818&wfr=spider&for=pc.

商业银行，也纷纷调整零售条线组织架构，积极往财富管理银行方向转型。

兴业银行更是凭借自身业务领域的特色优势和扎实的同业客户基础，较早将财富管理业务作为经营转型重要方向。2014年，兴业银行提出"大投行、大资管、大财富"理念，旨在打破过去简单地为客户提供信贷融资的思维和做法，为客户提供更加多元化的融资、个性化的财富管理业务，积极为客户创造优良回报。2015年，兴业银行提出财富转型策略，在业内较早形成涵盖信托、基金、期货、资管理财、研究咨询和数字金融等在内的"大财富"管理布局。

2020年，为进一步做大财富业务，兴业银行将财富管理与私人银行业务提升至战略优先位置，尽最大努力增强财富管理的价值创造，并深化财富管理组织体系改革。在总行设立零售财富与负债管理部，统筹管理大众财富客户；设立私人银行部，统筹管理私行客户。同时在一级分行设立财富管理与私人银行部（中心），有针对性地把客户和产品紧密结合起来，进一步释放财富管理业务新动能。

2021年，兴业银行提出以财富管理业务为抓手，树牢擦亮"财富银行"名片成为全行新一轮业务转型战略的重点。2022年，在新一轮的体制机制改革中，兴业银行更是调整财富业务组织架构，整合调整原零售财富与负债管理部，设立财富管理部，并将其升级为总行一级部门，统筹全行的财富业务，加强零售、企金、同业三个条线的管理，同时还将"钱大掌柜"移至财富管理部；设立私人银行专营机构，从顶层设计上升为财富管理业务发展保驾护航。

兴业银行早早布局财富管理领域，率先把握市场机遇，为未来转型发展赢得了先机。

"产品＋服务"构筑护城河

对作为服务性行业的银行而言，产品和服务至关重要，从某种程度上讲，甚至事关银行发展成败。兴业银行很早就掌握了该条铁律，在财富管理业务产品创新和客户服务上不断发力，不断筑深可持续发展护城河。

具体而言，兴业银行坚持以客户需求和市场为导向，针对不同客户类型，搭建起品类齐全、属性明确、风险明晰的财富产品矩阵，覆盖所有市场。同时，通过集团协作联动，不断提升银行的整体财富管理能力和客户服务能力。自 2020 年以来，兴业银行启动建设财富产品"货架"，建立以"代销＋自营"为基础的开放产品体系，从而满足不同客户的多样化财富需求。截至 2022 年底，兴业银行财富货架产品在售数量达到11821 支，突破一万大关。

与此同时，兴业银行一方面积极通过集团化经营优势，有效整合理财、基金和信托等子公司资源，全方位构建一体化的客户服务能力。其中重点是加强与理财子公司的协作联动，契合客户风险偏好稳健的特点，打造"固收+"产品体系。截至2022年底，兴业银行理财规模首次突破2万亿元，较上年增长17.21%，综合理财能力连续21个季度蝉联全国性银行榜首。另一方面，兴业银行还强化研究赋能，找准市场节奏，在全市场优选财富产品，积极抢占发展先机，不断引入保险、基金、券商等合作伙伴，打造投资生态圈。

此外，为更好服务客户，兴业银行坚持"客户是上帝"的服务原则，积极打造有温度的财富管理银行，不仅大力培养财富管理人员，搭建涵盖投资顾问、理财经理和私人银行客户经理等的完整培养、培训体系，建立起较为完善的财富管理队伍，成为业内首批采用客户分层经营服务的银行之一，还不断提升自身的客户资产配置服务能力，通过标准的KYC流程准确了解客户需求，再根据客户资产给出与客户匹配的资产配置方案，形成从购买、存续到产品到期对接的闭环式服务。兴业银行强大的产品创设能力与良好的服务，让其总能在不断变化的市场中抢占机遇，站稳脚跟，获得成长。

构建大财富开放平台

随着各家银行布局财富管理业务，无论是在资产端还是在零售端，市场竞争都变得越发激烈。如果说之前各大银行参与的重点是以自身优势快速切入市场，分享市场红利，那么发展至今天，当大家都看到财富管理带来的新的生机后，银行又该如何发力呢？

为树牢擦亮财富银行名片，兴业银行提出将继续提升资产端、产品端和销售端的三位一体协同作战能力，聚焦客户经营，在银银平台、钱大掌柜、非银资金管理云等同业平台、多点支撑的格局上，构建更加开放包容的财富生态圈，同时加快数字化赋能。

一是借助银银平台广泛的同业合作基础和标准化业务中台，快速将最优质的产品引入财富市场，不断丰富财富产品"货架"。2022 年 7 月，兴业银行立足深厚的同业合作基础，运用开放银行理念和云原生、微服务、分布式架构、Open API 等新技术，全面升级焕新银银平台，以便为客户提供集投融资、财富管理、资产交易、资产托管等于一体的综合服务，旨在打造和谐共生、优势互补的同业生态圈。截至 2022 年底，银银平台向国有银行、股份制银行、区域性银行及农村金融机构等机构的零售客户销售理财，保有规模 5105.12 亿元，较上年末增长 186.25%。

除此之外，兴业银行还依托银银平台强大的同业合作基础优势，于 2017 年创新推出财富云业务合作模式，旨在打造商业银行金融机构财富管理综合解决方案。截至 2022 年末，财富云引入理财代销签约总法人数超 300 家，位列市场第一。同时，兴业银行还通过财富云，向中小行客户销售理财产品，保有量突破 1200 亿元。可以说，财富云的出现不仅解决了小城市和广大农村地区的"理财难"问题，更重要的是有益于增加居民收入，助力推动乡村振兴，实现共同富裕。

二是将钱大掌柜打造成兴业银行财富产品销售统一平台。作为兴业银行财富管理业务重要阵地，钱大掌柜诞生于 2013 年 12 月，上线初心便是服务财富管理。2022 年 7 月，兴业银行对钱大掌柜进行焕新升级，为全市场的用户提供外币理财、基金、信托、保险等多元化的财富产品，旨在多维度满足用户需求，帮助用户家庭财富实现健康增长。目前，钱大掌柜已成为兴业银行强大的线上财富管理引擎。据兴业银行 2022 年年报显示，截至 2022 年末，钱大掌柜月均 MAU（月活跃客户数）较上年末增加 30.74 万户，增长 153.24%。

除上而外，兴业银行还积极打造 F 端的企业级开放银行平台，形成集团层面的统一财富管理云平台。这不仅可以连接全集团和全市场的各类产品与服务，还将既有的同业业务优势拓展到产品端。

依据精准的眼光，兴业银行率先在财富管理领域布局；依托强大的产品创设能力与不断升级的财富管理服务能力，兴业银行构筑起牢固的护城河；依靠线上渠道的创新推出，兴业银行搭建起大财富开放平台。如此种种，让兴业银行的财富银行名片愈加熠熠生辉。

理财业务产品多元，专业领域产品给力，成为兴业银行投身财富管理蓝海的核心竞争力。例如，截至 2022 年末，兴业银行 ESG 产品规模突破 900 亿元，较上年增长 167.95%；首期养老理财顺利发行，规模达 29.90 亿元，进入个人养老金业务首批试点范围。

集团财富产品谱系更加健全，兴业信托深耕家庭服务信托、家族信托、保险金信托及薪酬递延等财富管理服务，积极打造特色化、差异化的精品投行与固收 +、TOF 等私募资产产品线；兴业基金重点围绕经济转型、产业升级、科技创新加大权益基金布局；兴业期货注重主动管理固收和 CTA 产品，期货及衍生品类资管产品规模迅速扩大，业绩持续优于市场同类策略水平。截至 2022 年末，兴业信托、兴业基金、兴业期货创设的主动管理类产品规模余额 4,295.27 亿元。

财富销售渠道焕新升级，销售理念从"单一产品销售"转变为"资产配置"，财富生态圈不断扩大。同时，坚持以线上销售平台为主，加快推进各大线上平台，如钱大掌柜、兴业生活、兴业管家等平台之间的互联互通。

第二节　财富管理：普惠万家

随着各家上市银行纷纷发布 2022 年财报，可以发现财富管理业务不再像往年一般高歌猛进，而是普遍减缓了步伐。

诚然，一方面是因为过去一年整个经济内外部环境变化剧烈，进而影响到全球资本市场的稳定。另一方面则是投资者逐渐回归理性，国内财富管理市场迈入新周期。

特别是与经济高度同频共振的金融业，大潮迭起时貌似每家银行的财富管理能力难以分出高下，但潮落之后，更能凸显银行财富管理的功力。其中，兴业银行在遇冷的财富管理市场内逆水行舟，再创佳绩，无不彰显出其财富管理能力的"含金量"。

据 2022 年报数据显示，兴业银行财富管理业务收入创下新高，零售客户规模、零售 AUM、理财业务规模及收入与前一年相比均保持两位数以上的增长；尤其在竞争空前激烈的养老金融市场，兴业银行个人养老金账户开户数突破 220 万户，仅次于工商银行、建设银行两家国有大行。

党的二十大描绘出建设中国式现代化的宏伟蓝图，在共同富裕的时代要求下，兴业银行财富管理业务大有可为。

私人银行：财富管理的"明珠"

一直以来，私人银行业务都被称作是财富管理皇冠上的"明珠"，在整个零售生态链的最顶端。而就对银行的贡献值而言，私人银行业务的客户数量虽然占比不是很大，但却能够给银行贡献更大的价值。

与此同时，随着银行业务发展，各个业务版块之间已不再是泾渭分明的"楚汉分界"，零售、对公、投行等业务协同发展已成为发展大势，私人银行作为各业务的"交叉点"，被各家银行放在了更为重要的位置。尤其是 2021 年以来，不管是私人银行的机构设置与客户数量，还是私人银行管理的资产规模等，均有较大幅度增长。由此，私人银行业务成为各家银行看重的重要业务之一。

兴业银行也将私人银行业务发展放在了重要战略地位。2011 年 4 月，兴业银行设立私人银行部。历经 10 年快速发展，2021 年 12 月，兴业银行更是成功获得私人银行专营牌照，为其财富管理业务高质量发展注入了新动能。

同时这也意味着兴业银行将不断优化财富管理业务模式和经营体制，完善私人银行服务功能，提升客户服务水平，在满足新时代人民对美好生活需求的同时，持续擦亮"财富银行"名片。

回看兴业银行在私人银行业务发展上的努力：2019 年推出"兴承世家"家族财富管理品牌，力求为企业及企业家家庭提供一站式的全方位财富管理服务；2020 年创建国内首个 FOF 基金组合品牌"兴承优选"，打造起多元化、开放式的财富产品体系；①2022 年升级私人银行业务管理系统，通过企金

---

① 央广网. 股份行首家！兴业银行私人银行专营机构获准开业[EB/OL]. (2021-12-22)[2023-10-13]. https://baijiahao.baidu.com/s?id=1719815490955376104&wfr=spider&for=pc.

与零售相关系统的数据融合，打造出公私一体化的客户数据库，同时引入人工智能分析，打造动态私行企业客户多元化标签画像，为综合金融方案提供底层数据支持[①]······从起步阶段的以单一、高收益产品作为吸引客户的重要抓手，到今天的差异化发展之路，兴业银行始终坚持以客户为中心，市场为导向，高净值客户多样化财富管理需求为驱动，努力打造特色化、差异化的私人银行财富管理业务。

兴业银行多年如一日地深耕私人银行领域，赢得了外界的肯定与认可——2019—2020年，兴业银行私人银行部连续得到英国金融时报集团《银行家》杂志颁发的"全球表现最佳私人银行"奖；2022年，兴业银行凭借突出的财富管理能力，荣获"2022卓越财富管理银行"奖；2023年，兴业银行荣获英国《金融时报》集团旗下《专业财富管理》（《PWM》）杂志颁发的"中国最佳客户关系管理私人银行"奖。

而今，兴业银行更是将私人银行服务从专注个人财富管理扩展至全方位、一站式地为客户提供"人家企"综合服务方案，不仅满足客户在财富管理方面的需求，还满足客户在投融资、财富传承与增值服务等各方面的需求。截至2022年末，兴业银行私人银行客户达6.30万户，同比增长8.16%；贵宾客

---

① 中国经济网. 兴业银行荣获2023年"中国最佳客户关系管理私人银行奖" [EB/OL]. (2023-06-09)[2023-10-13].http://finance.ce.cn/home/jrzq/dc/202306/09/t20230609_38583743. shtml?from=groupmessage.

户为 405.31 万户，同比增长 9.58%。

站在新的起点，兴业银行在私人银行领域的发展道路正越走越宽。

养老金融：一站式服务

作为国内最早开始布局养老金融的全国性银行之一，兴业银行早在 2012 年就推出了"安愉人生"养老金融综合服务方案，集"产品定制、健康管理、法律顾问、财产保障"四项专业服务为一体，为老年人提供"金融＋生活"的多样化服务。

其中，产品定制服务契合老年人稳健的投资心态和理财需求，以安全、合适为基础，为老年人精选产品组合，并在业务咨询办理、流程管控等方面提供专属人性化服务。

健康管理服务以老年人身体健康为核心，设计健康管理与医疗体检方案，并在老年人就医过程中提供预约挂号、全程陪护等综合服务。同时，定期举办健康讲座，发放健康小手册，增强老年人的保健意识。

法律顾问服务为"安愉人生"客户提供专属的法律咨询通道。兴业银行通过与国内外知名法律机构合作，帮助客户在法律顾问方面实现全流程服务。

财产保障服务，主要保障老年客户的财产安全，通过与知名保险机构合作，量身定制相关保险计划，并在投保、理赔等环节提供专人服务。

"安愉人生"成功奠定兴业银行养老金融的基础，在"安愉人生"品牌的基础上，首创国内金融养老信托产品——安愉信托。该产品按照"家族信托"架构设计，起点金额600万元，委托人一次性交付后，在三年以后可向指定受益人以类似年金的方式分配信托权益。整个流程均以货币资金形式完成，区别于市面上普遍的消费型养老产品，成为国内第一个实质的金融养老信托产品，也昭示着兴业银行从产品中心向客户中心正式转变。

2016年，兴业银行正式启动养老金融专业化运营，着力打造养老金融全链条综合金融服务，成为唯一一家获得"最佳养老金融机构"殊荣的商业银行。

兴业银行长年深耕养老金融领域，已积累起成熟的经验。在国家个人养老金的制度设计与政策试点上，兴业银行积极参与，并在系统、产品、渠道等方面提前布局。

在2022年末银保监会印发《商业银行和理财公司个人养老金业务管理暂行办法》后，兴业银行成为首批取得个人养老金业务开办资格的商业银行之一，并围绕个人养老金账户与国内头部基金公司、保险公司展开合作，实现投资品类全覆盖，搭建一站式养老金融服务新生态。

社区支行：打通服务最后一公里

《财富》杂志访谈巴菲特时，问到他为什么坚定不移地投资富国银行，巴菲特回答道："很难想象像富国银行这样一家大型企业还可以保持其独特之处，人们会认为当富国银行增长到一定的规模时，就会变得和其他银行一样。然而，富国银行按照自己的方式行事，尽管这并不意味着他们所做的一切都是正确的。他们从没有因为其他银行都在做某件事就觉得自己也应该跟风，往往就是大家在说'别人都在做，我们为什么不做呢'时，银行开始陷入困境。"这样的理念，让富国银行成为美国最成功的社区银行，同时带给中国银行业的启示是，社区金融也许是财富管理的创新突破口。

2013年6月，兴业银行全国第一家社区银行"兴业银行福州联邦广场社区支行"开业，成为全国性商业银行首家正式获准经营的社区支行。自此，兴业银行社区银行战略正式启动。

两年后，同业纷纷开始追逐社区银行之路时，兴业银行社区支行营业已实现初步盈利，这让其社区银行经营模式成为业内最认可的模式。

兴业相关负责人在谈及社区支行发展的相关逻辑时，认为兴业银行在中国银监会等各级监管部门的支持下，首先选择渠道扩张模式上的转变，建设"小而精"的社区银行，打通银行服务的"最后一公里"。再通过广布全国的社区银行渠道，承载兴业银行零售业务的四大产品体系——"安愉人生""寰宇人生""活力人生"和"百富人生"，发展养老金融、出国金融、信用卡和财富管理业务。渠道和产品的关系，就像披萨饼胚和上面丰富的馅料，相得益彰。

2022 年，兴业银行已开设社区支行近 850 家，日均金融资产超 4000 亿元。

兴业银行福州联邦广场社区支行，全国首家社区银行，作为小区居民"家门口的银行"，开业不到半年时间成功办理借记卡上千张，储蓄存款金额超 6000 万元，理财超 4000 万元，平均每天前来咨询或办理业务的居民超过 50 人。

在新疆乌鲁木齐，兴业银行的社区支行做得非常好，开一个成一个。新疆属于经济欠发达地区，乌鲁木齐的人口数量也不多，但他们的社区支行工作做得非常细致。世上之事，怕就怕认真二字，乌鲁木齐的社区支行，靠着精细化服务，赢得百姓赞誉。

"普"及万家，"惠"及实处。兴业银行通过创产品、优服务、搭平台、建生态，使财富管理服务"飞入寻常百姓家"，更好地践行"金融为民"的兴业使命。

第七章

管理制胜：
推动变革促发展

任何一家企业、一个组织要想提高效率，激发活力，都需要不断地推进变革，不断寻找好的道路、好的方法和工具。

兴业银行的崛起，也离不开好的管理方法助力。兴业银行从地方区域小银行成长为总资产达 9 万亿规模的金融舰队集群，规模大，所跨领域广，在这样的情况下，一切能有序经营运转，这有赖于兴业银行管理的强大控制力，有赖于市场化体制机制的建立、扁平化管理、深度挖掘人才第一资源、安全生产控制风险等方面的不断创新、优化和转变。

第一节　体制机制不断变革

2005 年，兴业银行在广东东莞召开一场重要会议——全行零售业务工作会议（即"东莞会议"），这场会议被称为事关兴业银行零售业务生死存亡的"遵义会议"。会议上开启零售业务组织架构改革，初步提出零售业务部是总行统一领导下相对独立核算的经营主体，自上而下经营管理全行零售业务和营销队伍，实行以产品线垂直管理和区域分行管理相结合的矩阵式管理模式。

为鼓舞士气，积极推动零售事业部制改革，时任兴业银行行长李仁杰要求全行上下"要有一股狠劲，要有一种气势，去抓零售业务"。[①]因为"只有成为优秀的零售银行，才能成为一家真正优秀的商业银行"。

会议之后，兴业银行全行上下立即行动起来，就零售领域进行了大刀阔斧的改革。2006年6月，兴业银行在上海成立零售银行管理总部。这不仅是兴业银行全行业务部门的第一个总部，更是异地股份制银行第一个在全国金融中心设立的零售总部。

2005年的零售事业部制改革，可以说是兴业银行适应市场化发展、创新做出改变的生动实践。在这之后，兴业银行零售业务一改过去自然增长态势，迎来内生性、突破性发展，改革红利持续释放。

如果说2005年的零售事业部制改革是兴业银行顺应环境变化，融入市场化发展的"不得已而为之"，那么2017年兴业银行以强化专业、提升效率为出发点所进行的组织架构改革，则是兴业人前瞻把握形势变化，顺应金融去杠杆趋势，轻型

---

① 21世纪经济报道. 兴业银行零售事业部改制"非常道"[EB/OL].(2010-04-16)[2023-10-13]. https://www.cib.com.cn/cn/aboutCIB/about/news/2010/20100420_2.html.

"瘦身"的谋定而后动。

2015年之后，中国经济进入新常态。中国银行业随之告别"黄金十年"高速增长期，资产质量面临持续压力。同时宏观审慎管理（MPA）落地，银行监管趋严，利率市场化改革持续推进。严峻形势引起各大银行纷纷改变过去"跑马圈地"的心态与作风，寻找银行发展新出路。

一时之间，转型求发展成了中国银行业的主旋律。2015年，招商银行启动交易银行体系的组织架构改革，成立交易银行部，并通过"四大重塑"[①]打造"交易型银行"。2016年2月，中信银行成立"中信银行资产管理业务中心"，按照事业部制管理，下设2个专业委员会[②]及11个处室[③]。

同时，把总行组织架构扁平化，在总行设30个一线部门，而不设条线总部。业务条线设公司银行部、国际业务部、投资银行部、集团客户部等14个一级业务部门。2016年下半年，平安银行启动组织架构调整，深化分行、事业部改革。以零售转型为主，推动银行朝着扁平化、去行政化方向转型。总行一级部门从此前的42个精简到30个，总行架构调整为大公司（B

---

① "四大重塑"指重塑组织架构、重塑业务流程、重塑服务模式、重塑交互平台。

② 2个专业委员会即：投资决策委员会和创新业务审查委员会。

③ 11个处室即：固收投资处、机构理财投资处、专户理财投资处、资本市场投资处、结构融资处、投资研究处、集中交易处、市场与销售处、风险合规处、运营管理处和综合管理处。

端金融服务）、大零售（C 端金融服务）、大内控、大行政四大条线。除此之外，事业部变为全行公共、专业平台，分行要向专业化、集约化方向转型。

如何续写兴业传奇？兴业银行原行长陶以平清晰地指出："谁家的特色最鲜明、谁对市场的把握能力最强、谁的风险管理和成本控制做得更好，今后的发展才能走得更稳。"①

2017 年，为适应市场与监管环境变化，兴业银行启动体制机制改革。目的是进一步提升兴业银行的专业能力以及市场响应、服务效率。关键是紧盯"两个着眼点②、一个基本抓手"③。

通过此次变革，兴业银行组织架构趋向扁平化、专业化；实现客户部门和产品部门、传统业务和新兴业务相对分离，"专家办行"水平持续提升；建立起适应市场变化、可控而高效的风险管理机制以及从客户与产品双维度出发的业绩衡量与考核评价机制等，业务流程得到大大完善。

这场"刀刃向内"的自我改革，被认为是推动兴业银行五

① 21世纪经济报道. 独家专访兴业银行行长陶以平：轻型银行谋定而动[EB/OL] .(2017-05-06)[2023-10-13]. https://www.cib.com.cn/cn/aboutCIB/about/news/2017/20170508.html.

② "两个着眼点"，一是提升专业，即着力提升各项业务的专业能力、综合服务的专业能力、配套保障的专业能力，真正靠专业赢得客户、创造价值。二是提升效率，即着力梳理、简化各项工作流程，持续提高业务决策和客户响应效率。

③ "一个基本抓手"，即着手推进新一轮专业化改革。重点是从客户和产品两个维度，整合、优化总分行组织架构，配套完善风险管理、计划财务、资源配置、考核评价等方面的机制，既推动实现以客户为中心的服务综合化，又推动实现细分产品与服务的专业化、精细化。

年发展规划（2016—2020 年）目标实现的"内燃机"。兴业银行通过自我扬弃、强健体魄，最终市场适变能力增强、务实作风依旧、创新动力更足，从而抓住市场机遇，成功实现弯道超车，迎来新一轮的稳健发展。

新时期，新形势；新起点，新阶段。当时钟的指针指向 2021 时，中国银行业面临的环境与形势更为复杂多变。一方面，数字化转型成为银行的必答题；另一方面，双碳目标、人民金融为人民、高质量发展等社会成长逻辑已成人们共识。传统银行机制体制已不能完全匹配当前银行发展需要。股份制商业银行体制机制调整、改革、重组迫在眉睫，势在必行。

2021 年 3 月，招商银行宣布完成零售银行组织架构调整，将原一级部门零售金融总部的大部分团队、原财富管理部合并组建财富平台部，意在强化在财富管理业务上的投入，以此带动零售业务增长。2021 年，中信银行完成组织架构调整，将财富管理定位为新零售的"体中之核"，新增财富管理部，负责牵头推动全行财富管理业务。形成"一部三中心"①的科技组织架构，设立数字化转型决策委员会。

兴业银行立足内外环境，立足市场化发展，于 2022 年 5 月 10 日召开全行体制改革工作会议，提出打造"强大总行、敏捷分行"组织体系，实施科技、零售、企金三大条线改革，

---

① "一部"即信息技术管理部；"三中心"即软件开发中心、大数据中心、科技运营中心。

从考核评价、薪酬分配机制、业务流程重塑、信息系统建设、人才队伍结构调整等方面进行一系列变革，达到提升市场竞争力的目的。

立足市场变化、服务经济大盘，兴业银行在此次体制机制改革中，内生活力被激发，新的市场空间被打开，综合实力迈上新台阶。兴业银行正意气风发地走在赶考新时代的路上！

"明者因时而变，知者随事而制。"对兴业银行来说，体制机制改革永远在路上。兴业人一直坚持实质重于形式，从有利于业务发展的方面优化调整体制机制，力争找到一个最舒服的姿态。这样的市场化革新，不仅为兴业银行带来实实在在的效益增长，还提高了兴业银行的核心竞争力，让其在市场沉浮中始终站稳脚跟，不断走向更大世界。

第二节　核心优势：扁平化管理

1997 年，兴业银行的厦门分行进行了一场震惊全行的精简机构变革。原本比照国有银行做法，厦门分行在分行下设有支行、分理处、储蓄所，共有机构 36 个。但在当年 8 月，厦门分行在厦门大学的博学楼召开了一场"做好集约经营，做一个合格的精品银行"的研讨会后，撤销全部储蓄所，并将分理处升格为二级支行，管理层级从四级直接变为两级，机构从 36 个精简为 24 个。

这次变革，是兴业银行扁平化管理方式的发端和铺垫。

扁平化管理是兴业银行最具特点的管理方式：层级精简，高效联动。

兴业银行的扁平化管理显著体现在总分行的高效联动之间。传统银行的机构设置繁琐，分行很难直接上报总行主要领导。但兴业银行因为总分行间层级少，只有总行、分行、支行三级，分行业务不需要层层审批，就可以直接向总行主要领导汇报。尤其是当分支行人员去企业客户处服务时，遇到解决不了的问题，甚至可以直接请示福州总行，并很快得到总行反馈的解决方案。

这种方式简单高效，不受条条框框束缚，其他同类银行很难学会。因此，与兴业银行长期合作的客户对其扁平化管理评价颇高，认为兴业团队从总行到分行都是相对扁平化的架构，客户能体验到总分行之间的高效沟通与联动，这不仅是兴业银行与其他银行不一样的地方，也是兴业银行的优势。

除了总分行合力攻坚客户，兴业银行扁平化管理优势，还体现在总行能授权分行因地制宜发展业务的管理机制。例如，兴业银行青岛分行在总行的授权支持下，在无审核标准可循的情况下，积极联合各方尝试在绿色债券框架基础上，创新产品模式，打通业务流程，为青岛水务集团落地全球首单非金融企业蓝色债券、全国首单蓝色债券，募集资金助力企业建成国内规模最大的海水淡化厂之一，不仅高效助力解决沿海地区淡水危机、促进海洋资源可持续利用，也为国内外机构探索蓝色标准提供了借鉴和参考。

如果说当早期是一家地方小银行时，兴业银行能够做到层次简单、扁平化管理，其实这并不非难事，但是随着二次创业全国化发展，当蚂蚁长成大象，规模越来越大，各个机构间还能做到简单高效的扁平沟通，才是值得称道的事情。兴业银行做到了这一点。

兴业银行扁平化管理的另一重要成果是构建柔性敏捷组织。企业随着业务发展，部门间的层级和隔墙不可避免地越来越厚，资料的协调与配置也越发艰难，所以很多大企业到发展中后期都难逃组织僵化、官僚主义命运。

为了避免大而不强的发展模式，兴业银行跳出壁垒，打破部门墙、条线墙，联动部门条线构建灵活敏捷的组织，调动全行资源齐心协力进行专项行动。诸如，兴业银行内部形成"商行＋投行""技术流""自贸港主流企业授信铺底""生物医药专班"等多个跨条线敏捷柔性组织，攻坚重点项目，不需要部门层层审批上报，即能形成合力竞争，扁平化又高效率的运转。

效率高、层级少，兴业银行打造扁平化组织在银行业并非独家，但却在行业内产生标杆效应，这与兴业银行的管理智慧息息相关，更与兴业银行做事情的人有着千丝万缕的联系。

第三节　挖掘人才第一资源

1991 年 5 月，兴业银行会计出纳业务技术竞赛上，气氛非常严肃，柜员指尖飞快地掠过一张张纸币的一角，内心的数字一个一个地往上增加，他们在与时间争锋。这是兴业银行会计出纳业务技术竞赛中，最精彩的点钞比拼场景。

当银行业务还停留在手工操作时期，珠算、点钞是银行员工的必备技能。兴业银行早期经常举办各种业务技能比武大赛，是重视员工专业能力和基本功培养的激励措施之一。

人才是兴业之本。可以说，人才是一个企业最重要、最基础的资源，没有人才，则没有企业的基业长青。兴业银行发展至今，离不开对人才的培养和重视，离不开坚持注重并且深度开发人才这个第一资源。

兴业银行始终高度注重人才的专业能力培养，早期不仅举办各项技能培训大赛锻炼技能，而且严格实行师带徒模式，培养后继人才。早期兴业银行的信贷员都是徒弟跟着师傅跑业务，师傅不仅在专业能力上培养徒弟，还在文化的传递和浸染上发挥巨大作用。兴业银行厦门分行信贷部的一位员工跟着师傅培训了一年，一年之内都做师傅的协办，一年之后，方才开始独立主办做业务。

兴业银行其他部门如科技条线，也一直有导师制度，导师从技术、做事方法和流程程序上教导新人，一代代的传承培养兴业人才。

除师带徒培养制度外，兴业银行还有干部夜校、干部集中培训等培训方式。多种贯穿始终的人才培养方式，促使兴业银行搭建起学习型组织。

没有梧桐树，引不来金凤凰。兴业银行在人才引进和激励机制上，也极为重视。初创期的兴业银行，便注重引进高素质人才，1990 年代初，一批从清华、人大、厦大等毕业的高材生加入兴业银行，成为日后发展的中流砥柱。后来随着发展，2000 年前后时任兴业银行董事长高建平还亲自通过猎头公司找到了科技部的总负责人。在全国扩张建分行期间，兴业银行山东分行筹建组还曾"十顾茅庐"招聘人才。

兴业银行对人才的引进和重视，为人才提供的福利待遇也在行业前列。早期，兴业银行省内分行所提供的待遇便是当地前茅。龙岩分行 1995 年在岗员工便能分有一套住房，幸福指数颇高。发展过程中，兴业银行的薪酬体系也在不断改革。

待遇留人是基础，但并不是全部，深度开发人才这个第一资源，要激发人的潜能和活力，除了好的激励机制，公平公正的竞争环境同样重要。

　　在兴业银行内部，对人才管理形成的一个共识是公平公正。兴业银行早期形成的人才观便非常公平质朴："以业绩论英雄"。这六个字几乎代表着兴业银行与生俱来的市场化风格。早期福建省内各分行在选拔任用人才时，便采用绩效评定制，不看资历，而是看能力。因此，刚刚毕业的年轻人也能凭借自己的能力脱颖而出。这种公平公正的人才评定方式，避免了很多拉帮结派搞关系的负面影响。

　　任人不唯亲，必唯贤，使能者上，庸者下，劣者汰，也是兴业银行激发人才活力的特点。1998 年，兴业银行便首次提出竞聘上岗制度，并先后两次对总行部门的 50 到 75 个职位实行竞争上岗，共有 50 名干部通过公开竞聘适当的工作岗位。这是兴业银行历史上第一次公开竞聘，创新的竞聘制度，可以让有能力的人更上一层楼，扩大事业的发展空间。

　　不仅是兴业银行内部的人有晋升发展的空间，在兴业银行完成全国化布局过程中，和兴业内部成长的干部一样，许多从其他银行跳槽到兴业银行的人才也有着同等的发展机会。公平公正的竞争环境一直贯穿于兴业银行发展的始终。不拘泥于先来后到，而是各凭本事，这样的用人制度，亦为兴业银行吸引人才树立起了一根标杆。业内皆知兴业银行竞争公开透明，既可坚定原有人才留下来的信念，也能吸引其他优秀人才的加入，保证队伍的稳定性。

　　竞争环境公开透明，兴业银行提拔干部的渠道也清晰可见。兴业银行总行干部提拔必须到分行基层锻炼半年，上下互通，才能在管理中做到换位思考，同时锻炼宏观思维。此外，兴业银行还要求干部轮岗，在零售、企金、金融市场条线多个岗位学习交流，锻炼复合型人才。

2019 年后，兴业银行在提拔干部、员工时，尤其注意人才梯队的建设。干部老化几乎是所有国企和大银行的通病，而在兴业银行内部，不常听见干部年轻化的提法，兴业人认为年轻化是静态的概念，干部队伍呈动态体现，所有人都会老去，关键是建立合适的人才梯队。梯队是某个时间节点为限，比如 5 年、10 年为节点，领导班子成员 5 人中可以有两个人年龄大一些，同时，还必须有一到两个人，与他们年龄拉开 5 岁以上。这样形成年龄梯队以后，年龄大的人退休以后，后面能够及时跟上，不会出现青黄不接的情况。

早期兴业银行没有人才梯队建设的意识，部门和分行的一把手等高层干部，集中于 1970—1975 年年龄段的非常集中，梯度没能拉开。不仅是未来会出现密集退休情况，因为年龄梯队集中，观念思想也容易同质化，无法从多元化角度看待问题，视野相对局限。年龄梯次拉开后，工作思维更好互补。

每一代人有每一代人的视野，兴业银行鼓励每个人都将视野提到不同的水平面，看得更宽广，而不是都处于同一个隧道里。所以兴业银行加快年轻干部的培养选拔，对于有潜力、能担当、想干事的员工，敢于给位子、压担子。

　　不仅是部门总经理、处长、副处长等管理层要做梯队储备，普通员工也要进行人次梯队建设。每一层次中都有一定比例的不同年龄段人员，就能保证一旦有人临近退休年龄后，立即能推出经验丰富，且有年龄梯次的人员补位。

　　银行属金融行业，以往兴业银行招聘的人才大多是金融、经济背景出生的单一专业人才，随着数字转型风潮的出现，兴业银行提出科技人才万人计划，加大招聘工科数字化人才，形成更加复合的人才队伍。据此，兴业银行总行建立了中层及后备人才库，命名为"鸿鹄人才库"和"鲲鹏人才库"。

　　兴业银行除了总行定下基本的人才观基调，分行在人才管理和激励措施上也有自己地方的智慧。

　　武汉分行每年都会召开重要岗位人员交流会，分行行长和重要岗位中的基层员工面谈，了解他们最真实的想法，以及时调整业务及人事分配。并在这一过程中，发现有潜力的思考者。

　　银川分行为留住优秀人才，在"行政序列"岗位之外设置"专业序列"体系，优秀人才可以走双通道晋升模式，两个岗位体系的职级相同，这种方式不仅逐步稳定员工队伍，还能提升队伍士气。

　　呼和浩特分行每一季度对干部采用民主测评，其对干部的管理不仅是从上至下的，也是从下到上的。民主测评是干部工作的晴雨表，测评结果督促着干部往前跑，改善工作。

南宁分行设有实习行长机制，将在年轻干部中优中选优选出的优秀人才，放到一线基层做挂职行长，培养其管理、经营经验，形成人才蓄水池，为长远发展做准备。

五指有长短，并非短手指就比长手指差，而是要将短指头要放到该有的位置上。把每个人适配到合适的岗位，这正是兴业银行人才管理最核心的内容。

人是最宝贵的财富，尤其银行作为服务行业，最终成果都以人的方式体现，人的作用不可替代。即使未来人工智能再发达，人才依然是银行最宝贵、最能动的生产要素，兴业银行对于人才资源创新高效的挖掘，将推动着兴业银行的持续发展。

第四节　安全生产：风险管控

兴业银行内部流传着这样一句话："风险是最大的成本。"

这句话来历非虚，从一个算式中可以清楚看到，风险与效益之间的等号关系。站在兴业银行整体来说，如果一单赚5000万元，于大局而言其实不算大事，但一旦产生5000万元的风险，则不单单是损失资金，还会带来银行声誉受损等隐性损失。因此保持好风险，就是保持好效益。

放眼全球银行业几百余年的发展历程，有一个事实不容忽视：鲜有银行因为创新能力或是产品、服务能力不足被迫关门，反倒是因为自身管理不善和无法控制风险而倒闭的银行比比皆是。

作为中国第一家倒闭的现代商业银行，海南发展银行极具典型意义。因改革开放而生，因改革开放而兴的海南，自诞生之日起，就肩负着改革开放"试验田"的使命。对于当时略显荒凉的小岛，国家实行了相对宽松的监管政策，希望借此提升海南当地人民的生活水平。一时间，海南成为地产商炙手可热的宝地。1995 年 8 月，海南发展银行成立，不过 3 年后就遭遇流动性危机，无法清偿债务导致破产清算。

诚然，海南发展银行的失败不能草率归结于某一个因素，但是管理体制、风险控制机制的不健全导致违规发放贷款频出；经营管理层合规意识淡薄，没有做好前瞻性决策，盲目降低存款利息，导致资金外流，最终引发挤兑等一系列管理方面问题却是无法回避的。

正所谓"前车之鉴，后事之师"。如何合规管理经营、稳健发展成为悬挂在银行业头顶的达摩克利斯之剑。

风险管理同样是兴业银行面临的重要议题。从"深耕福建"到"走向全国"再到"接轨全球"，兴业银行用 35 年的时间交出一份行稳致远的答案：对内合规经营，对外严控风险。

对内合规经营上，兴业银行开门营业初就提出"三铁"口号，即铁账本、铁算盘、铁规章。进入 21 世纪后，兴业银行将"从严治行"放在三大治行方略首位，在"合规制胜"中探寻业务的机会，始终掌握好风险与业务发展的平衡点，坚持依法经营、稳健经营。即使在成立之初就恰逢国家经济治理整顿，"二次创业"期间遭遇亚洲金融危机，2008 年面对突如其来的全球次贷危机，兴业银行均未遭受严重的波及。

合规经营的另一重要体现则是在审计领域。早在 1992 年，兴业银行开始筹建内部审计部门，在总行领导的重视下，着手制定内部审计规则。并且，兴业银行是同业中首家按照《审计法》要求对内部审计体制进行改革的银行。当时，银行业普遍是总行审计部门归总行管辖，分行审计部门归分行管辖的状态，兴业银行率先将审计体制改为独立管辖的形式，昭示着相关人财物独立于分支机构，由总行统一管辖，形成更好的监督机制，使得审计体系真正发挥第三道防线的作用。

审计体制独立后，兴业银行迅速开拓各个审计领域，比如离任审计、资金审计、资产质量审计等，在合规经营、稳健经营方面发挥独特的作用。值得一提的是，兴业银行历史上首个国家级荣誉，由审计部门获得。

内部合规氛围的建立，使外部风险管理更为顺畅。2008 年全球次贷危机后，兴业银行开始构建全面风险管理体制。一方面治理结构，成立总行风险管理委员会，与董事会风险管理委员会形成两级风险管理委员会，健全运作机制，同时推进分行风险管理部门与信用审查部门的分设，单独设立法律合规管理部门，成立特殊资产管理部，对不良资产实行集中、专业的处理。

另一方面完善制度体系，制定风险管理战略，以及与之相配套的信用风险、市场风险与操作风险的管理政策，以全面合规体系建设为契机，对制度文件进行系统的全面梳理修订。

除此之外，兴业银行不仅在贷款授信前实施基础调查，还推行独立的尽职调查，提高从根源上控制风险的能力。

2012年，兴业银行在总分行层面完成三大条线的业务架构改革。与业务架构改革配套，整个风险管理体系在全行范围内发生重大变革——在三大业务条线单独设立风险管理部门，整合之前由总行风险管理部门及其下派各业务条线、业务主体的风险管理处体系，使之成为与各条线业务部门并列的风险管理部门。

在三大条线独立风控部门之上，成立总行层面的风险管理总部来统一制定相关政策。未来，兴业银行仍将根据时代和形势变化，继续强化风险管理体制改革，以期更好适应内外部需要。

做实分类，做实处置，做实质量，做实效益，坚持"四个做实"的兴业银行面对风险时从不掩盖，勇于暴露、勇于面对、勇于解决，甚至把一些风险组织化解为新的效益。

其实，风险与发展就像一枚硬币的两面，过度盲目发展，势必加大业务的风险性；过度强调风险防范，则又会自缚手脚，影响业务发展。看似矛盾，却绝非不可调和，不同的抉择会带来不同的结局。

2008 年全球次贷危机袭来，映照出富国银行与花旗银行这两家全球银行巨头对稳健经营截然不同的态度。

富国银行面对金融危机几乎做到了全身而退，其时任董事长约翰·斯坦普坦言："当整个行业都在过度冒险时候，与许多竞争对手不一样，我们执行了严格的信贷原则。从 2004 年到 2006 年，富国银行失去抵押贷款 2 ～ 4 个百分点的市场份额，换算成贷款金额的话，光是 2006 年，失去的抵押贷款规模就在 600 亿至 1200 亿美元之间。"

反观花旗银行，在金融危机的影响下损失惨重，险些成为第二个"雷曼兄弟"，花旗前 CEO 查尔斯·普林斯对此抱歉地表示："如果花旗集团没有跟随当时许多金融机构从事高风险投资，就可能会失去市场份额或重要人员。"

同样的处境，富国银行宁可放弃市场占有度也要坚守自己的信贷原则，进而实现发展的弯道超车、逆潮而上，其对风险控制、稳健经营的定力值得国内银行业学习。作为国内系统重要性银行之一的兴业银行，在中国金融体系中的地位非常重要，更要汲取海南发展银行和花旗银行的经验教训，履行自身助力经济发展、维护金融稳定、服务民生保障的责任与使命，牢记风险管控对银行发展的重要意义。

　　合规经营和严控风险，绝非束缚和桎梏，而是无声的守护。经营银行，从不是一件容易的事，但稳健却始终是迈向"百年兴业"的关键词。

第八章

科技兴行：
插上数字化翅膀

管理是方法路径，科技是发展利器。

"科学技术是第一生产力"这句话，人们至今已经耳熟能详。今天的人很难想象，现代银行作为一个可以追溯到六百多年前的传统金融机构，曾经在长达五个世纪的时间里业务迭代缓慢且形式固定，但科技时代的到来，在片刻须臾间，就让这个古老行业发生了翻天覆地的变化。

科技让银行业插上了变化的翅膀。兴业银行也借助科技技术的进步，迈向了新的发展天地。

20 世纪 90 年代初期，兴业银行由厦门分行开启从算盘到键盘、从人工到电算化、从物理化到电子化的科技探索，经过持续摸索，坚持自主研发道路，兴业银行积累起初步的科技实力，并逐步与其他中小银行共享科技资源，建立起科技输出的模式。

2021 年来，兴业银行顺时顺势将数字化转型视为生死存亡之战。锚定"构建连接一切的能力，打造最佳生态赋能银行"愿景，全面实施数字化转型，紧迫感自上向下传递，兴业银行利用新技术，围绕数字化相关的人、财、物均以前所未有的力度调整。新的挑战和风口已然来临。

第一节　坚持自主研发之路

1996 年 3 月，一场至关重要的"全行电子化工作研讨会"在兴业银行召开。会议室里，争论声此起彼伏，有人说："现在我们还不开发自己的系统，在福建的银行中就要掉队了！"也有人说："花这么多钱做电子化值不值？电子化是不是要急着做？"

这场会议是兴业银行科技发展史上的一道分水岭，两件大事尘埃落定，第一是兴业银行必须做全行电子化，第二是必须自主研发一套综合业务处理系统。举全行之力进行自主研发，定下兴业银行科技发展的基调。

兴业银行在决定自主研发综合系统前，20 世纪 90 年代初，信息化浪潮一跃成为金融行业创新变革的重要引擎，国内各大银行抓住技术变革机遇开始进行信息化建设。兴业银行成立后不久，也开启了电算化变革之旅，1993 年兴业银行厦门分行、漳州分行等开发的电子化系统逐步上线，虽以分行为主体，但一定程度上改变了传统的手工作业模式，迈出了在信息化建设上的重要一步。

但由于早期技术条件不成熟，随着兴业银行发展，系统重复建设、版本不统一、应用水平良莠不齐等问题逐渐暴露。于是1996年3月，"全行电子化工作研讨会"召开，大胆决策自主研发全行统一的综合业务处理系统。

自主研发系统绝非易事，彼时国内大部分银行几乎选择直接购买外部厂商系统，但兴业银行却决定靠自己"另起炉灶"，将建设系统的能力与技术牢牢掌握在手中。所谓"进窄门，走远路，见微光"，兴业银行在科技研发中坚持做难而正确的事情，为后来的弯道超车奠定下坚实的技术基础。

系统研发几乎是从零开始，人、财、物等资源投入量极大。为此，兴业银行直接拿出当时全行一半的年利润投入至系统建设中，还在厦门租用专门的研发场地，将科技与业务尖兵汇集于一地专攻综合业务处理系统。由于系统研发对专业性要求极高，外部人员不认为兴业银行搞得出名堂，但兴业人却慢慢消化掉"硬骨头"，于1997年成功上线第一代自主研发的综合业务处理系统，解决了过去系统林立分散的棘手问题。

综合业务处理系统的诞生，让兴业银行在金融科技自主研发之路上走稳了第一步。随着技术的更迭与外部对系统要求的提高，兴业银行在2001年提出"科技兴行"战略，喊出"砸锅卖铁也要搞科技"的口号，进行了数据大集中，并克服条件限制，于2003年推出自主研发的第一代核心业务系统，成为国内极少拥有核心系统自主产权的银行之一。

2002 年，当核心业务系统的自主开发项目在福州研发中心封闭进行时，同年成立的上海研发中心也在进行海外调研，想引进国际上先进的系统，再造一个新一代核心系统。

第一代核心系统到底是自研还是引进？这在行内引发大讨论。一方认为引进国外的系统，就能使用世界上最先进的系统；另一方认为引进外国系统容易水土不服，效果不尽如人意，不如坚持把福州的核心业务系统自研项目做好。两种观点再次碰撞。历史的前进往往如此，一切关键性抉择的背后都不是简单的因素，而关联着千丝万缕的复杂缘由。

经过慎重决策，兴业银行最终放弃引进国外系统开发交易类核心系统，还是以福州正在自主研发的版本为主，继续升级迭代。经此一役，兴业银行坚定地走稳自主研发的道路，并在此后不断深耕，将系统的扩展、管理、嫁接和维护权牢牢掌握在手中。

第一代核心系统后，第二代核心系统、第三代核心系统、第四代核心系统分别于 2011 年、2016 年、2022 年更新。每一次更新，兴业银行几乎都倍受考验，但从未后悔坚持自主研发核心系统之路。科技的力量支撑起兴业银行的高速扩张，正是因为核心系统实现了全行数据的整合，全国化布局中开设分行的难度大幅降低，效率提高。

核心系统在铺设网点的成本上做了减法，不仅助推兴业银行在全国化道路上一路顺畅，而且还让兴业银行形成科技输出优势，与全国中小金融机构连接起来，实现相互赋能。

第二节　数字化转型生死存亡之战

进入数字化时代，银行业的经营逻辑较过去已经发生了根本性的变革，兴业银行的发展之道也跟随时代同步转变。传统银行重网点规模，往往规模做得越大，业务揽获便越多，而数字化时代，银行从资金、价格的竞争转变为场景、生态的竞争。

竞争逻辑转变的蛛丝马迹始于移动互联网的蓬勃发展，过去商业银行是在支付领域占绝对垄断地位，但是阿里巴巴、腾讯等新金融科技企业竞争对手出现后，金融行业遭遇大洗牌，原本属于传统银行的大量线下业务被线上流量"截和"。精通数字技术的新兴竞争对手善用数据获得客户，让金融服务从"坐商"和"行商"变为"云商"，充分暴露出传统金融机构的劣势。

随互联网企业"攻城略地"，传统金融机构也因机而变，积极推动数字化转型。据银保监会金融许可证信息平台数据，截至2021年，商业银行合计有2000家以上银行网点终止营业，90%以上的银行业务可以通过线上办理。线上化、数字化大势初成。

数字化技术风口逐渐形成，新一轮科技革命和金融行业变革蓄势待发，深刻而广泛的数字化行动即将被召唤。数字科技已成商业银行转型下半场最大的驱动变量，"生死存亡"之际，兴业银行再一次坚定地跃入数字化巨变的潮流。

理念与愿景

数字化转型犹如给正在行驶的汽车换轮胎，谋划得当，才能让这场行动提速增效，否则可能车毁人亡。换言之，数字化转型需要制定周详的战略布局，完成从上至下，从业务模式到运营模式、工作方法、体制机制等一系列的改革。

因此，兴业银行对数字化转型进行顶层设计，许下"构建连接一切的能力，打造最佳生态赋能银行"的数字化转型建设愿景，立下"以极致客户体验为核心目标，以强大金融科技为动力引擎，在数字化建设上，专业能力突出，科技创新领先，位于股份制银行第一梯队"的数字化转型目标。并且制定"'网点兴业'要稳、'数字兴业'要进"的策略，提出"三线并行"工作方法：第一按照企业架构方法推动原有的系统建设，支撑当前的业务发展。第二开展数据治理，壮大数据资产。第三研究云原生、人工智能、元宇宙、大数据、区块链等技术，谋划"未来银行"建设。

在数字化转型战略指引下，兴业银行全面借助数字化，推动"网点兴业"的传统银行思维向"数字兴业"转变，把支行网点建在各类消费互联网、工业互联网的 APP 上，让金融服务融入更多的企业生产和群众生活场景，使服务无感无形而又无处不在。

体制机制变革

数字化转型，不仅仅是信息系统的升级改造或者系统平台的建设，更关乎业务经营和组织管理的转型。传统银行必须注入数字化 DNA，从前中后台的方方面面进行变革，包括重塑体制机制及运营体系，才能完成真正的数字化转型。

数字时代，新旧阵营对垒之间，面对科技公司从零起步的优势，传统银行受制于传统架构和运营模式的阻碍，进行数字化转型时犹如巨轮掉头，其原本船身规模越大，掉头负担越重。

兴业银行经过了几十年的发展，原有的体制都很成熟，要想转变，就要把原有的"壳"打碎，这不仅涉及理念，还涉及行动，是一场真正的自我革命。

兴业银行推进数字化转型行动，走出的关键一步是体制机制之变。兴业银行董事长吕家进曾指出："数字时代要有数字时代的生产关系，传统的科层制、职能制企业组织方式已无法适应市场环境、客户需求的快速变化，必须建立敏锐感知变化并迅速做出反应的敏捷组织能力，否则就是'高速路上跑老爷车'，依旧被淘汰出局。"

架构调整从上开始，兴业银行将科技组织架构从过去的"一办一部一公司"改革为"一委三部一公司一院"^①，有利于数字化转型战略的落地。"一委三部一公司一院"各司其职，虽然分工但不分家，密切配合共同推进数字化转型工作。

除此之外，兴业银行还推行数字化战略，招揽数字化人才，把数字化人才作为第一资源，实施科技"万人计划"。到2024年末，兴业银行科技人才计划达到1.25万人，并要求全行50%以上的干部职工懂科技、用科技，让做业务的人懂科技，做科技的人懂业务。同时在BA（业务分析师）、SA（系统分析师）传统岗位之外，新设DA（数据分析师）、UE（客户体验）等新型职能岗位，为数字化转型的硬仗做人才储备。

数字化赋能业务

新业务模式下，需要新的数字技术作为支撑。数字化转型最终要落到业务场景中去，为业务服务，才是真正落到了实处。

2022年，兴业银行焕新发布"兴业管家""钱大掌柜""银

---

① 数字化转型委员会，科技管理部、数据管理部、安全保卫部，数金公司，金融科技研究院。

银平台""兴业普惠""兴业生活"五大线上品牌。还在短时间内完成了数字人民币系统建设工作,成为第 10 家数字人民币运营机构。

五大线上品牌的重塑与数字人民币系统建设背后都是数字技术变革的逻辑。尤其是焕新发布的五大线上品牌构建开放数字生态,互联互通,将金融服务融入更多生产生活场景,连接千行百业、千家万户。

比如兴业生活在消费生态平台的建设上有极大提升。原本兴业生活只是一个单纯的信用卡服务产品,但是经过整合,增加车生活、住房生活、租房生活等功能,并积极与第三方机构合作,引入游戏、资讯活动等,逐渐丰富兴业生活平台的内容,将兴业生活平台打造成一个综合平台。

科技赋能场景,场景赋能业务,借助数字化转型,兴业银行加快了从"网点兴业"迈向"数字兴业",为服务高质量发展增添新动能,数字时代下新的服务已然出现。

过去兴业银行在贷款领域一直无法深度覆盖广大农村市场,数字化技术使得兴业银行跨越障碍,走进广阔的农村金融市场。借助"物联网 +AI"等技术,兴业银行将活体生物资产信用化、可监控,解决过往畜牧业融资难的问题;运用卫星遥感和 AI 技术,将茶园、林场等种植作物资产化、信用化,创新融资方式;自主研发光伏服务平台,通过区块链 +AI 技术,使农村光伏发电可监测可计量，农户可以通过光伏贷款形成光伏发电，创造收入；探索运用物联网、卫星遥感等新技术，将金融活水引入了牧场、茶园、林场。

通过更高效、便捷、实惠的金融服务方案，形成多方共赢的全链条服务模式，不仅解决了过去兴业银行难以嵌入农村市场的问题，还为助力乡村振兴、共同富裕贡献了兴业力量。从这一角度而言，数字化转型有了更深厚的意义。

兴业银行曾经受制于贷前调查成本高，很难做长尾客户，因为尽管技术进步优化了贷款流程和效率，但最终还是要到现场看抵押物，消耗人力物力。而利用数字新技术创新线上商业模式后，则可以借助物联网、卫星，通过 AI 技术，用数据模型计算得分，评估服务相应客户的匹配度，不必再耗费人力物力到现场看抵押物。

在科技日新、万物互联的时代，因为数字技术的进步，银企之间信息不对称问题大为缓解，银行通过数据增加长尾客户的了解，消除小微企业等融资难、融资贵的问题。近年来，兴业银行主动融入企业生产经营场景，和企业、园区共建数字化平台，助力企业跨越"融资高山"。金融业变得更加普惠、更有效率，利于服务实体经济。

在数字化赋能下，2022 年兴业银行零售客户突破 9100 万户，其中理财规模和个人养老金开户数已位居股份制银行前列。

用数字化赋能业务的转型，亦是增强业务竞争力的有力方式。兴业银行资金营运中心便利用数字化筹划搭建量化交易系统[①]，以量化手段平衡风险与收益。

传统的 FICC 交易主要依靠专家经验，对资产波动、宏观趋势和交易风险进行人为预判，通过人工调整产品组合获取价差，人为判断不免存在操作效率低、风险对冲能力相对较弱等方面问题。大数据、云计算等新技术出现后，已经有一些银行在量化交易系统方面走在前列，比如率先建立一套贯穿前、中、后台一体化，高度自动化的交易系统，交易量走在银行业前列，在数字化转型赛道实现弯道超车。

数字化在企业决策、风险预估方面也有应用，借助数据模型，能够预测未来的风险变化。此外，数字化技术赋能，也能让传统银行利用数据资产进行创新，成本更低，风险控制亦能更加精准，实现可持续发展。

经过数字化转型，兴业银行运用数字孪生技术将真实机房和虚拟机房一一对应，实时智能监测机房的运行情况，达到"无人运维"的效果；风控方面，则以智能识别和拦截金融诈

---

① 量化交易是指以先进的数学模型替代人为的主观判断，利用计算机技术从庞大的历史数据中海选能带来超额收益的多种"大概率"事件以制定策略，极大地减少了投资者情绪波动的影响，避免在市场极度狂热或悲观的情况下作出非理性的投资决策。

骗为主要功能的智能反欺诈平台运用行业领先的"批流一体"框架和"流立方"引擎，每秒的处理能力达到三万笔，上线四个月就拦截涉诈资金2.7亿元，牢牢守护着客户的"钱袋子"。

除通过数字化转型稳步推进传统业务发展外，兴业银行各个机构都在利用数字化进行多方面的转型。小到分行开会时使用iPad实现无纸化会议和利用数字技术推行活牛贷产品，大到总行正在研究攻克云原生、人工智能、元宇宙、大数据、区块链等技术，解决当前重要业务和技术痛点，谋划"未来银行"建设，兴业银行的数字化转型行动一直在路上。

谋划未来银行：开放银行

来自毕马威的研究报告称，开放银行是中国银行业发展必然路径。

这份《毕马威开放银行系列研究一：开放银行，中国银行业发展必然路径》的报告显示，随着技术的演进发展，未来银行可以以开放银行和泛生态为代表，具体而言，可以分为四个阶段：经典银行、互联网银行、开放银行、泛生态（开放银行的重要组成部分）。

在开放银行阶段，银行在产品递交、风险定价、客户评估方式、产品后评价机制等进行系统性的变革，银行能够借助API技术等构建"银行即平台"，以及附着于其上的商业生态

阶段二：互联网银行
借助移动技术发展实现渠道升级，核心解决信息不对称的问题，降低经营成本，提升客户便捷性

阶段三：开放银行
借助API技术构建"银行即平台"以及附着于其上的商业生态系统，提供模块化、系统化的金融服务组件

阶段一：经典银行
业务开展依赖线下网点与人工，底层 IT 技术作为金融机构的基础设施，单纯注重运营效率的提升

阶段四：泛生态
引入外部资源助力内部变革，同时对外输出赋能行业，实现不同业态的跨界融合

数字化进程　未来银行阶段

反哺赋能　升级延伸

互联网银行　开放银行　经典银行　泛生态

未来银行演进路径
（来源于《毕马威开放银行系列研究一：开放银行，中国银行业发展必然路径》）

系统，同时为商业生态提供模块化、系统化的金融服务组件。

在泛生态阶段，银行一方面构建泛金融生态，实现生态内各价值环节点的资源对接和整合，引入外部资源助力内部变革；另一方面，整合生态数据及资源形成跨行业解决方案并对外输出赋能行业，实现不同业态的跨界融合。[1]

看来开放银行已然成为大势所趋，共识已有，就看实践。前有指数型技术[2]"大兵压境"，后有新型消费群体重塑银行与

---

[1]　毕马威，阿里云研究中心. 未来银行：DT时代中国银行业发展的新起点[R/OL]. [2019-07-25]. https://www.vzkoo.com/read/bdd78d826582c8fa79371b88713a671c.html.

[2]　彼得·戴曼迪斯在《未来呼啸而来》一书提出9大飞速发展的指数型技术：量子计算、人工智能、网络、机器人、虚拟现实与增强现实、3D打印、区块链、材料科学与纳米技术、生物技术。

客户的关系，传统银行不得不向开放、生态深入。

中国开放银行实践最早来自 2012 年中国银行提出的开放平台概念，2018 年下半年开始，大型商业银行加快向开放银行转型。2018 年 7 月 12 日，浦发银行推出业内首个 API Bank 无界开放银行；2018 年 9 月 17 日，招商银行宣布迭代上线两款 App 产品 7.0 版本——招商银行 App7.0、掌上生活 App7.0，7.0 版本将支持非招行卡用户注册手机号、绑定多家银行卡，打破封闭账户体系、转向开放用户体系。

兴业银行的开放银行起步建设很早，因其 2007 年就推出银银平台，凭借这一优势，以标准化接入模式，向中小银行输出科技和产品服务，2017 年就提出"安全银行、流程银行、开放银行、智慧银行"银行建设的四个目标，充分发挥子公司兴业数金市场化体制机制优势，开启开放银行探索之路。

2017 年，兴业银行着手在兴业数金金融云的基础上建设开放银行，经过一年多发展，初步形成了功能完善、性能良好、安全可靠的开放银行技术平台，建立了"场景驱动、科技赋能、开放共赢"的开放平台运营模式。截至 2019 年 9 月末，兴业银行开放平台对外提供 9 大类 128 个 API 接口，涵盖用户、账户、消息、支付、安全、社交、理财、检索、感知等领域，触达场景端零售客户超 220 万户，日均交易规模突破 10 亿元，为银行端引入场景端客户超 30 万户。

2019 年 10 月 17 日，兴业银行在第 235 场银行业保险业例行新闻发布会上表示，"与市场上普遍将个人用户端（即 C 端）作为开放银行的突破方向不同，兴业银行从自身最擅长的同业与金融市场端（即 F 端）入手开始探索，努力打造'连接一切'的能力，致力于成为最佳生态赋能银行。"

兴业银行董事长吕家进直言，"得生态者得天下"，兴业银行 2007 年推出的银银平台具有开放生态雏形，如今，持续迭代升级，在 F 端（同业金融市场）优势稳固，未来更要积极打造，与产业链供应链核心企业共建平台，融入外部第三方平台，提升流量、扩大增量、激活存量，形成数据互通和价值转化的生态闭环。

兴业银行布局有序，谋篇有道，未来可期。但"罗马不是一天建成的"，数字化转型既是生死存亡之战，也是一场等不得却也急不得的持久战。尽管在持续推动下，兴业银行的数字化成果已初具成效，但数字化转型仍是一场硬战。

宏大历史皆是涓滴细节组成，先有方寸细节，才有广大乾坤。未来正诞生于被创造的当下。在数字化转型的这场未知结局的比赛中，兴业银行将全力用数字化搭建走向未来的桥梁，培育下一个银行发展的新动能。技术革新永无止境，每一项技术的更迭，每一代产品的出现，都与时代环境息息相关，又在同样的潮流下因着不同的主观决策或辉煌灿烂或泯灭消亡。在这一漫长过程中，兴业银行一直以科技为矛为刃，啃硬骨头，闯无人区，不断创新。未来，在一轮又一轮的转型与变革中，相信兴业银行会和中国金融业一起坚定地走到更远的远方。

第四篇 ∨

文化内核

『以党建铸魂、文化聚力，重视可持续发展，让金融更有情怀、更有温度，形成独特的"软实力"，持续为打造"一流银行、百年兴业"注入强大精神动力』

第九章

价值观与文化

这是不是一家伟大的公司？

你心目中的这家公司是什么样的？

你认为，这家公司会基业长青吗？

……

这是商业案例调研中经常会问到的问题。

企业里的每一个人，掌舵人、各分支机构主要负责人、普通员工乃至退休员工……一万个哈姆雷特就有一万个答案。你会发现，有着坚定价值观和文化的企业，此时的答案会让人震撼；而常年只追求眼前市场规模和利润增长的企业，往往在回答这些问题时，显得局促不安。

哲学家康德认为，世界哲学的问题集中在三个方面：我能够知道什么？我应当做什么？我可以希望什么？

前两者解决当下问题，属于认识论和道德哲学范畴，后者解决未来的愿景，这是人类文明史和哲学史自古以来的三个核心问题。这三个问题同样能够总结一家企业存在之根本问题，企业的愿景和价值观是什么？企业的行为路径是什么？企业的结果是怎样的？

同样三个问题，对于兴业银行：它是不是一家伟大的公司？你心目中的兴业银行是什么样的？它会基业长青吗？

我们站在企业长青的视角来书写兴业银行的价值观和文化力量。对兴业银行的关注，不仅在于探索一家企业如何在文化价值观的驱动下实现自我进化，更在于探索一家企业的文化之于时代的价值和意义。

第一节　价值观：始终以价值为核心

企业价值观是一家企业最为独特的精神和灵魂。它是企业判断运营中大是大非的根本原则，是企业提倡什么、赞赏什么、反对什么的基本观点。

兴业银行的企业价值观是历史的积淀，是兴业银行走向未来所倡导的内部文化氛围气场。它并不深奥，都是基于常理和逻辑提炼出来的行业应遵循的基本原则。在兴业银行，常理即是商业逻辑。兴业银行的价值观体系根植于兴业人的心里，如同定海神针一样要求兴业人在做每一件事时，都要竭尽所能地、毫无保留地把事情做好。正是这样的精神风貌，成就了今日的兴业银行。

2006 年，兴业银行上下联动，对兴业文化进行通盘梳理。渐渐地，"在夹缝中求生存，在夹缝中求发展""一个铜板掰成两半还要榨出油来""开门七件事，柴米油盐酱醋茶"等口号被进一步挖掘出来，最后演变成兴业人的文化共识。

也是在这一年，兴业银行发布《兴业银行文化纲领》。内容包括兴业使命、兴业愿景、兴业核心价值观、经营方针、治行方略、兴业精神以及兴业运营观。

兴业使命：真诚服务、共同兴业。这是兴业银行存在的根本理由，回答了兴业银行为什么而存在、依靠什么而存在的问题。兴业银行作为社会的一个组成部分，必须通过自身对社会的贡献来获得承认，获得社会各种形式的资源支持。只有社会长期需要兴业银行的贡献时，兴业银行才能持久经营，做到基业长青。

兴业愿景：一流银行、百年兴业。这是企业在履行使命的过程中渴望达到的理想状态，是兴业银行的长远目标，是兴业人的共同理想。兴业银行这个美好的愿景，能鼓舞人心，激励人奋进，是兴业银行内部发展的重要动力来源。

兴业核心价值观：理性、创新、人本、共享。这是一家企业及员工共同认可并坚守的最基本准则，是企业实现使命愿景、应对瞬息万变环境的根本保障。"理性"是兴业银行决策的准则；"创新"是兴业银行活力的源泉；"人本"是兴业银行对待客户的态度——如何做到服务源自真诚，如何要求服务内涵，如何更好地服务客户。客户是根本，而员工是客户满意的根本。"共享"是兴业银行合作的原则。

兴业愿景与兴业核心价值观从不同角度述说兴业银行的价值观念，提醒兴业人要坚守商业的基本准则。而经营方针、治行方略与兴业精神，则展现了兴业银行的形象。

兴业银行经营方针：依法经营、稳健经营、文明经营。这是兴业银行最基本的发展方向，是经过长期经营和管理、历经时间沉淀、实践检验而确定的。依法是高压线，稳健是因为兴业银行属于公众企业，具有社会责任和维持储户利益的责任，文明则是兴业品牌的体现。

治行方略：从严治行、专家办行、科技兴行、服务立行。这是兴业银行实现愿景、目标的途径和方向，是兴业银行向全国进军和要进入一流银行行列时提出的。

兴业精神则：务实、敬业、创业、团队。这是兴业银行整个风貌的体现，是兴业银行向外界表现出的一种风格。兴业银行草根出身，如何管好团队，使员工更务实、更进取，更有紧迫感、危机感，这8个字都有体现。

除使命、愿景、核心价值观、经营方针、治行方略组成的兴业文化大纲第一层次与兴业精神外，兴业银行文化大纲中还有解决兴业银行阶段发展观念的思想，即兴业银行运营观，包括发展观、风险观、营销观、产品研发观、科技观、服务观、组织观、用人观、育人观、绩效观、薪酬观、权责观、执行观。

其中，最具兴业特色的是服务观、风险观、执行观。兴业银行在服务观上有更具体的考虑，引进内部客户服务概念来服务好客户，把客户满意度当作是工作的要求，从而增强全行人员的服务意识。在服务理念之下，兴业银行还思考如何在服务模式上创新，如何更好地服务客户。风险观用一句话概括就是"风险是最大的成本"。从成本角度理解风险的重要性，即所有损失都要盈利来对冲。兴业的事，说办就办，办快办好，真抓实干，这就是兴业银行的"马真"精神。这种精神源自兴业银行血脉里的红色基因①，最具福建特色和兴业特色。因此兴业银行一旦做出决定，就会雷厉风行地去执行，即使大家有不同意见，执行也是唯一要求。

《兴业银行文化纲领》是兴业银行价值观的总结，引导着兴业人走向未来。兴业银行多年的发展实践，证实了兴业银行价值观的正确性。在未来发展中，兴业银行价值观的价值将更加凸显，能引导兴业人攀登更高的山峰。

第二节　文化基底：内在基因是本质驱动力

"历史上与中国文化若后若先之古代文化，如埃及、巴

---

① 福建是革命老区，红色文化底蕴深厚，因此诞生于此的兴业银行有着红色基因。

比伦、印度、波斯、希腊等，或已夭折，或已转易，或失其独立自主之民族生命。惟中国能以其自创之文化绵永其独立之民族生命，至于今日岿然独存。"[①] 中国著名哲学家梁漱溟在《中国文化要义》中如此写到。显而易见，中华民族之所以生生不息、绵延不绝，并不断发展壮大，靠的就是传承上千年的文化。

同样的道理，我们认为一家企业要从小变大、持续发展，靠的依然是文化。且由于每家企业生长环境不同，其所具有的文化基底也并不一样。正如《企业文化——企业生存的习俗和礼仪》一书所言，成功而卓越的企业都有独特的企业文化。在硬件条件相差无几的企业中，企业文化带来了迥然不同的结果。从这一角度来讲，企业文化决定了企业的兴衰与成败。

兴业银行一路走来，从东南一隅登上世界舞台，最为重要的就是其拥有独特的文化基因，即根植于兴业人骨子里的红色基因和闽商基因。这样的基因，不仅给兴业银行带来了更多的文化内涵，更是兴业银行区别于其他银行的最主要标志。

红色基因：永葆生机的成长密码

2021 年，中国共产党成立一百周年，兴业银行董事长吕

---

① 梁漱溟. 中国文化要义[M]. 上海: 上海人民出版社, 2018.

家进在《中国金融》杂志发表署名文章《学史力行开创银行高质量发展新局面》文中写到党的伟大精神和光荣传统是兴业银行的宝贵精神财富，他认为，兴业银行发源于革命老区福建，成立之初即根植红色基因，不断获取精神滋养，面对新时代新形势新挑战，兴业银行应大力发扬革命精神，传承红色基因，营造奋斗拼搏、干事创业的浓厚氛围。

红色基因之于兴业银行的重要性可见一斑。而事实上，当我们回头去看兴业银行走过的路——从一穷二白到成为国内系统重要性银行，它的成功离不开时代的红利，更离不开自身的红色基因。红色基因是兴业文化的源头与基座，是兴业人精神谱系的重要组成，对兴业银行具有奠基石的作用。

也正是这种天然自带的红色血液，让兴业文化独具福建特色和兴业特色。其中最让人印象深刻的是兴业银行的服务观和执行观。兴业人强调"真诚服务、相伴成长"，坚持以客户为中心，做好人民金融服务；贯彻落实"马上就办、真抓实干"的"马真"精神，把高速度、有温度的金融服务送到更多人身边。

不难印证，兴业人身上的红色基因，引领着兴业银行干在实处、走在前列，实现了一个又一个跨越式发展。红色基因在兴业银行三十五年发展中是不可磨灭的精神底色，在多次关键抉择、坚定战略定力方面发挥了关键作用。那么，我们不得不追问，兴业银行的红色基因是如何形成的呢？

福建是革命老区，福州是福建省最早建立地方党组织的地区，也是闽东土地革命的策源地和活动中心、中国工农红军北上抗日先遣队的途经地、解放战争时期党领导城市运动和游击武装最活跃的地区之一。[①]革命故事一直在这片大地上广为流传，其中，经过血与火的洗礼铸就的"坚定信念、求真务实、一心为民、清正廉洁、艰苦奋斗、争创第一、无私奉献"等为主要内涵的苏区精神[②]，更是影响着世世代代的福建人民。

地处革命老区，兴业银行血液里流淌的红色基因让兴业人一开始就有"干事业"如同"干革命"的精神，兴业人拥有革命抱负，立志把兴业银行办成真正的商业银行。

除此之外，兴业银行的奋斗史，还是一部在党领导下的中国金融改革发展史。在兴业银行走过的三十五年时间里，各级领导，尤其是历任福建省委省政府领导，都对兴业银行的发展给予了很大的支持。他们既重视兴业银行的发展，支持兴业银行按照市场化原则办企业，让兴业银行走具有兴业特色的道路，还为兴业银行营造好的发展环境。尤其是兴业银行成立之初，福建省委省政府领导就给予兴业银行大力支持，出席开业仪式，时常关心、鼓励和支持兴业银行的发展，让兴业银行真正汲取了"福建改革试验田"的能量，敢于去

---

① 张清荣. 文旅融合视角下红色文化资源保护利用研究——以福州市为例[J]. 老区建设, 2022 (05): 12-17.

② 赖星，邬慧颖.融入血脉的信仰，生生不息的力量——苏区精神述评[EB/OL]. (2021-07-29) [2023-10-13]. https://baijiahao.baidu.com/s?id=1706602348902342361&wfr=spider&for=pc..

改革、去创新。

从革命老区，到党领导下先行先试的改革"试验田"，根植于福建的兴业银行是幸运的，从诞生起就拥有了红色基因。在这种基因作用下，兴业人舍身忘己、奋斗不息，以行为家、干事创业，爱党爱国、主动担当，打造了中国金融发展史上的兴业样板，为中国金融与经济发展作出了很多有益探索。

闽商基因：向海而生的外向开拓动能

如果问中国银行业的励志典型有哪些家银行，答案中一定有兴业银行。

兴业银行的奋斗史堪称一部励志史。从毫不起眼的一家地方小银行跻身全球银行 20 强，兴业人爱拼会赢的拼搏文化在其中发挥了非常重要的作用。这让很多外界人士非常好奇，兴业人如何能把爱拼会赢的拼搏文化展现得如此淋漓尽致呢？

这就不得不说兴业人身上天生拥有的闽商基因。

福建素有"八山一水一分田"之称，历史上并不是富饶之地，多山濒海的特殊自然条件，使得祖祖辈辈的福建人面临田少民多的情况，没有土地财富，人就只有背井离乡，向海外寻找出路，谋求发展。农业资源的匮乏，孕育了闽商的繁荣。闽商是典型的海商群体，宋元时期，享誉世界的"海上丝绸之路"便由闽商开创。

赶海、出海，以海谋生，闽商世代勤恳开拓，一辈一辈地传下来，铸就了和内陆农耕文明相反的海洋文明基因。如果说农耕文明讲究安稳，具有内倾色彩，那么海洋文明就代表着流动和冒险，闽商随着海洋迁流，具有明显的向外开拓精神和开放性特征。

因为古代航海技术有限，对出海的人而言，一次离别可能就是永别，所以福建人历来能吃苦务实，敢打敢拼。这些独特的闽商基因，祖祖辈辈流淌在福建人的血液里，亦渐渐演变成一种独特的地域文化，根植于兴业银行的发展中。

兴业银行生于福建、长于福建，拼搏、开拓、不服输、不认命等这些融入福建人骨子里的闽商基因，成为兴业银行崛起的主要基因底色，贯穿于兴业银行发展的全脉。锐意开拓的福建人聚在一起，特别能在艰苦环境中奋斗，在福建大本营生根立业。没有艰苦拓业的闽商基因，就没有从一家小金融机构一跃成为全球银行 20 强的兴业银行。尤其在全国化布局中，闽商基因在兴业银行的机构扩张中起到了重要的推动作用。

有人曾感叹，兴业银行内部福建本地人太多。在兴业银行看来，这就是兴业银行的优势，因为这些福建籍的兴业人，将融于自身的闽商基因特性延展到了更多兴业人身上，成为兴业文化的重要基底，让兴业文化有了更为深厚的底蕴。

闽商走南闯北，分布于全国各地，由于早年出洋谋生艰难，历来懂得团结一心，讲义重情。有数据统计，全国闽籍异地商会总数接近 1000 家，异地商会数量居国内各省之首。福建人乡情文化厚重，兴业银行在全国布局设立分行的过程中，得到过不少闽商的帮扶。

2004 年，兴业银行郑州分行在闽商来豫大潮中成立；天津分行在设立过程中，筹备组人生地不熟、两眼一抹黑，便通过与天津福建商会和福建老乡广泛交流、沟通，在天津扎稳了脚跟；长春分行筹备时，兴业银行亦紧紧依靠当地福建商会。当时在吉林省的福建籍人士多达十几万人，长春分行筹备组到达长春的第二天，就与长春福建商会联系，商讨与长春福建商会联合举办"关爱来自乡亲"大型活动。作为一家福建土生土长的银行，兴业银行在吉林省最初全无基础的情况下，借助闽商的凝聚力，很快打开局面。长春分行开业当天，举办了储蓄开门红冲刺活动，闽商家属们便将存在其他银行的钱取出来存到兴业银行，以实际行动支持家乡银行的发展。

闽商这种团结一心的乡情文化，不仅是兴业银行发展过程中必不可少的助推力，更深深地影响了兴业人。最为直接的体现就是兴业人的高度团结。不仅是党委班子团结，总分行之间也非常团结。每个兴业人，不管身处何种岗位，身在哪个地方，干着何种事情，当同伴需要帮忙时，其他人都会毫不保留地予以帮助和支持。

而且，闽商基因显露出来的团结一致的特性使兴业人总是拧成一股绳，劲往一处使，帮助兴业银行在关键时刻办成了很多事关生死存亡的大事。

通过多年机构扩张，闽商基因还延展到了更多兴业人身上，成了福建以外的兴业人的一种特性。时至今天，兴业银行的闽商基因已在更广阔的大地上生根发芽，甚至走向世界。

虽然今天的兴业银行已经全国化，乃至在全球拓展，它的人才来源更加多元化。但是从早年兴业银行起家于福建、聚集众多福建本地人才开始，它的发展就深受热爱拼搏、团结一致的闽商基因的影响，并且这种特性深深地融入了兴业银行的血液里，成为推动兴业银行发展的重要助力。

在人才日益全球化的时代，兴业银行的闽商基因正显示出强大的融合力。因为向海而生的闽商基因本就拥有海洋文明的广博和包容，它不断吸收新的力量，与更多兴业动能汇合，推动兴业银行持续向前。

第三节　拼搏文化：血脉里的爱拼会赢

1988 年，与兴业银行成立的同一年，一首《爱拼才会赢》的歌曲红遍祖国。"三分天注定，七分靠打拼，爱拼才会赢"成了人人都会哼唱的歌词。人们无不被福建人特有的拼搏精神所激励、鼓舞，在失意时刻、艰难时刻，仍然保持不灭的斗志。

兴业银行生于闽地，具有闽商基因，因而不仅天生拥有迎难而上、攻克万难的精神品质，更有艰苦奋斗、苦难面前不低头的韧劲，还有锐意进取、持续开拓的奋斗之志。映射到兴业银行文化中，则具象表达为爱拼会赢的载地文化。这种文化已成为兴业银行最具特性的烙印，融进了上至领导者、管理层，下至普通员工的血液里，成为兴业银行发展的内生动力，贯穿于兴业银行发展的始终，并随着时代发展与时间沉淀熠熠生辉，带动着兴业银行实现不断地蝶变跃升。

兴业银行草根出身，背景不强。跟其他股份制商业银行相比，明显处于劣势。但是，兴业人始终秉持着爱拼会赢的精神，即使身处"把一个铜板掰成两半花"的境遇，也是笑呵呵地面对。

兴业银行成立之初，面对内外窘境，兴业人努力从点滴做起，力争干好每一件事情，从而提升兴业银行市场竞争力。面对客户的质疑与不信任，兴业人在营业柜的玻璃上贴上满满的营业许可证和营业执照复印件；面对竞争激烈的市场环境，兴业人不等不靠，走街串巷，提供主动服务、上门服务、优质服务，赢得了客户；面对品牌知名度不高、没有人脉资源的窘境，兴业人不卑不亢，主动吹响"二次创业"号角，率先在强手如林的上海打响兴业品牌……就是靠着爱拼会赢的精神，兴业人"攻城略地"，拿下了一单又一单的业务，赢得了一批又一批的客户，最终有了今天的模样。

实践见真章，兴业人这种踏实奋进、敢于拼搏的精神，帮助兴业银行打开了最初的市场。即便到了今天，拼搏文化依然是兴业银行不变的传承。也难怪外界人士不止一次地感叹：
"实在想不到，福建地区竟然走出了这样一家银行。"

如果非要给爱拼会赢的兴业人一个画像，那一定少不了
这 16 个字：披荆斩棘、砥砺奋进、努力开拓、锐意进取。哪
怕是面对最艰难的环境，兴业人也能咬紧牙关，拼搏出一条
路来。

任何一家企业都不是随随便便成功的，兴业银行也是如
此。在常人看不到的背后，兴业人历经诸多艰辛，付出巨大努
力，发挥爱拼会赢的精神，才有了今天兴业银行的成功。有人
长期辗转各地，奋斗在异地他乡；有人常常熬夜加班至凌晨，
坚守在岗位上；有人扎根边疆，奉献着兴业力量……

而兴业银行众多分行的筹建是兴业人拼搏干事、勇往直前
的一个个典型缩影。分行筹建初期，条件都很艰苦，但在"领
头羊"（即分行筹建组长或领导）的带领下，大家发扬融入血
脉里的爱拼会赢精神，不退缩、无怨言，即使背井离乡，也以
奋发向上的风貌，积极主动的态度，做好与分行开业相关的所
有事宜，力争以最快速度、最高效率在当地打开市场，服务当
地实体经济。最为难能可贵的是，每个离开福建去外地开拓事
业的兴业人，不仅自身敢拼敢赢，而且还真切地把爱拼会赢的
精神传递给外地分行里的工作人员，从而让这种精神在更多人
的心中生根发芽，并不断传承下去。从这一维度而言，我们不
难窥探到兴业银行走至今天位置的缘由——它是一代又一代的

兴业人拼出来的。

"星星的星，夜晚的夜，就是挑灯夜战。"那些遇见星星的夜晚，见证了兴业人的奋斗青春，也铺就了兴业银行通往成功的路径。

当我们站在更为宏观、全局的角度去看，兴业银行的爱拼会赢不但是个人的奋进，更是集体的合力拼搏。在很多关键时刻，正是兴业银行集体拼搏的精神促成了兴业速度与兴业效率，又在力出一孔的团结力量的作用下，把不可能变成可能，为兴业银行赢得了更多、更好的发展机遇，让兴业银行迎来了更大的发展空间与舞台。

一直以来，兴业人便在同业中以拼搏精神著称。这种融进兴业人血脉里的拼搏文化，影响和感染着一代又一代的兴业人，铸就了兴业银行吃苦耐劳、实干奉献的文化氛围。

古人有言：天道酬勤。兴业人敢拼敢闯的文化精神，是未来之兴业持续向前的不竭源泉。而兴业银行这种"天行健，君子以自强不息"的拼搏干劲，正随着时间的沉淀而发扬光大，成为兴业人内心强大的支撑，驱动着兴业银行稳步向前。从某种意义上来说，兴业银行是中国金融历史上的一个杰出代表，兴业人凭着爱拼会赢的精神，创造了杰出的兴业银行。

第四节　家园文化：一家有温度的银行

一直以来，兴业银行始终坚持"人本"核心价值观，不管是面对员工，还是面对客户，都坚持打造细致入微、温暖人心的家园文化，传递兴业温度。正是兴业银行对家园文化的坚守与传承，才将来自五湖四海的兴业人的心聚集了起来，让大家拧成一股绳，形成一股劲儿，为"一流银行，百年兴业"的目标而奋斗不息。

进兴业门，做兴业人，办兴业事

"进兴业门，做兴业人，办兴业事。"这不仅仅是兴业银行内部流传的标语口号，更是兴业人深入贯彻的实在行动。兴业人以行为家，自觉肩负起经营"大家庭"的重任，而不仅仅把在兴业银行干事当成一份养家糊口的工作。

每一个来到兴业银行的人，在深入了解兴业银行的文化后，都会自觉地把自己当作兴业银行的一员，当这种认知内化为实际行动后，不管何时、何地、做何事，都会以兴业银行的利益为重。

兴业银行初创时期，知名度不高，兴业人抱着拼搏的劲头，逢人便介绍兴业银行是一家怎样的银行；当员工业务繁忙，常常加班至深夜时，其家属毫无怨言，尽全力做好辅助，打好配合；当兴业卡初推出，鲜少有人问津时，员工及其家属身体力行，使用、推荐兴业卡……类似这样的事例，在兴业银行发展三十五年的过程中不胜枚举。

不仅如此，在"进兴业门，做兴业人，办兴业事"文化的熏陶下，每个兴业人都把个人得失放在整体利益之后，坚持在兴业银行一天，就应该为兴业银行发展贡献一份力量的信念。

很多外界人士不免好奇：是什么样的动力，让兴业人如此拼命？归根结底，热爱这家企业，才愿意为企业奉献，才愿意接受组织安排，与企业共成长。他们真正把兴业银行当作了自己的家，作为这个家的成员，把兴业银行的事当成了自己的事来干。正是这种文化精神，让兴业人在办每一件事时都有着强烈的荣誉感、自豪感和责任感。兴业人把自己手中的每件事都尽力做得漂亮，兴业银行便在这样的真抓实干中蓬勃成长起来。

一家有温度的银行

走进兴业银行，我们很快就会有这样的认知：兴业银行不是一家冷冰冰的金融机构，而是一家有温度的银行。

于员工而言，兴业银行是个充满温暖的大家庭。在这个家庭里，领导们除关心员工的工作、学习外，还关心员工的个人生活。包括给经济条件困难的员工力所能及的贫困补助；运用兴业银行的资源，给生病的员工进行募捐，以挽救员工的生命，等等。这些看似不起眼的小事，却实实在在地给员工带去了温暖，让每一个兴业人都感受到了兴业银行拥有的力量。而这种力量，是对员工的真心关怀，更是对生命的最大尊重。

2021年12月，兴业银行获批成为中华全国总工会首批"提升职工生活品质"的试点单位之一。同时作为2022年中国年度最佳雇主，兴业银行创新推出了一系列提升员工归属感、获得感和幸福感的举措，如打造"互联网＋工会""线上职工之家""兴声"等平台，不仅利于员工建言献策，凝聚大众智慧，而且员工广泛参与公司发展，推动了兴业业务发展、管理优化，是兴业银行家园文化最为生动的注解。

除此之外，兴业银行还坚持为员工创造有温度的工作环境，不断完善公开、公平、公正的选人用人机制，激发员工活力，促使员工主动提升专业能力。在为员工搭建多层次、多角度发展平台的同时，银行还不断加强对年轻员工的培养，以打造更为全能的人才队伍，夯实人才基础，持续锻造兴业未来力量。

在兴业银行，不管是领导与员工之间，还是员工与员工之间，都提倡简单文化、兄弟文化。也因此，兴业银行领导班子稳定，人际关系简单和谐，大家能够团结一致，一心为公，专心踏实干好手中事。

而从这里，我们也找到了兴业人以自己是兴业人为荣的缘由。踏入兴业银行这个温暖人心的地方，大家收获的不仅仅是一份养家糊口的工作，更多的是人世间最为本真的一份情感。

实际上，兴业银行不仅对员工如此，对客户亦然。兴业银行一直把"有温度的银行"作为不变的追求，始终坚持以人为本的理念。从"服务立行"，到"真诚服务，相伴成长"，再到"发展中我们共成长"等，兴业银行经营服务理念的变化，从一个侧面清晰地反映了兴业人对打造一家有温度的银行的追求。正是这样"以客户为中心""顾客是上帝"的服务追求，让兴业银行不再仅是一个办理金融业务的场所，而成了客户心中另一个温暖的家。

事虽微，不为不成；道虽迩，不行不至。当客户家的老人因生病须就医时，兴业人知道之后立即帮助客户联系医院，以实际行动传递温暖，诸如此类事件，在兴业人眼中已是司空见惯，他们真正做到了把客户当家人。

不可否认，兴业银行把金融服务上升到了情感的高度。通过这样的方式，兴业银行赢得了客户的认可。兴业人有着如此好的做人品性，那做事肯定没有问题。就是这样的观念，让客户能够放心地把工作交给兴业银行打理，从而创造出新的业务关系。而基于客户信任的关系是牢不可破的，其他人很难取代。这也是兴业银行取得今天成绩的真谛。

以真心换真心，用诚心暖人心。"家"的文化，不仅助力兴业银行拓宽了发展路子，更帮助兴业银行脱困于夹缝、站稳于竞争激烈的时代。

　　三十五年来，兴业银行一直秉持着为客户提供更温暖、更贴心、更优质金融服务的理念，急客户之所急，解客户之所需。这让客户感受到兴业银行对市场拥有敏锐的嗅觉、极强的敬业精神和高效的办事能力。除此之外，兴业银行在服务客户时讲求实际、可行，真诚与客户相伴成长。当兴业银行与客户谈业务时，从不夸夸其谈地说规模能做到多大，成本能控制到多低，而是一开始就明确告知自己能提供哪些服务，并强调服务的迅速和高效。

　　正是因为交流中有一份真诚和温暖，客户在跟兴业银行接触的过程中，会不知不觉和兴业人成为朋友。

　　于微小细节之处，暖心见真情。从内观，兴业银行是温暖的大家庭，因此 7 万兴业人得以发自内心的热爱兴业，上下一心、团结一致；向外观，兴业银行把客户放在心上、一心一意为客户的种种举措，展现了兴业银行作为一家金融机构的发展格局与思路，更显示了兴业银行作为大企业的担当与胸怀。万事有因才有果，兴业银行的成功有着深厚的价值底蕴支撑，家园文化正是其生长源源不断的内生动力之一。

第五篇

社会责任

『胸怀国之大者，树牢系统观念，承担更重责任』

第十章

寓义于利：
勇担社会责任

2009 年，在国内企业对企业社会责任还未形成系统认知时，兴业银行发布了国内第一份以可持续发展为核心指标的社会责任报告，将企业社会责任提升到新的高度。至今，兴业银行已坚持定期、连续发布该报告 14 份。每一份报告，都是兴业银行有关社会责任的实践，传达社会责任的理念，推动社会实现可持续发展的"记录影像"。

这一社会责任，兴业银行亲切地称其为"寓义于利"，这也是兴业银行在丰富的实践中、深刻的领悟中总结而生的。在兴业银行看来，"寓义于利"就是企业在经营活动中应该将社会责任与企业业务紧密结合，奉行社会责任与企业战略链接的策略，以在经营管理活动中，在履行社会责任中寻求商机，找到企业与社会皆可持续发展的商业模式。

历经多年在社会责任上的深刻践行，兴业银行已经将"寓义于利"四个大字无形融入发展的血液中，传送至经营管理的各个层面，在提升可持续竞争力的同时，也赢得了社会广泛的好评，成为践行这一社会责任理念的佼佼者。

"寓义于利，投桃报李。"在改革浪潮中生根的兴业银行，在时代与国家给予的红利下，蜕变为中国股份制商业银行中的一张闪亮名片。兴业银行始终怀揣感恩之情，胸怀"国之大者"，落实行之要务；情系乡村振兴，共绘乡村新画卷；助力共同富裕，打造美好生活，在寓义于利之道上，留下了许多光辉、美好的印记……

第一节　胸怀"国之大者"

2020 年，习近平总书记在陕西秦岭视察时提出"国之大者"。何为"国之大者"？"国"本指疆域、地域，后泛指国家；"大"指范围、程度等深广。[①]站在国家角度而言，"国之大者"即关乎国家全局、关乎国家长远、关乎国家根本。

站在银行的角度呢？

兴业银行作为顺应国家改革开放大势而生的银行，自成立起就有"国之大者"的家国情怀。具体到实际行动中，则是将"国之大者"落实为行之要务。一方面，坚持听党的话、跟党走，不断提高政治站位，增强忧患意识，洞察发展规律，以高质量党建引领高质量发展；另一方面，始终把服务国家、改善

---

① 张伟.准确把握"国之大者"的深刻内涵和时代特征[J].中国党政干部论坛,2022(04):38-42.

民生、回报社会、致力民族金融业崛起作为理想与追求，不断满足人民群众对美好生活向往的需要。

党建引领："听党话，跟党走"

2016 年 10 月 10 日，全国国有企业党的建设工作会议深刻指出，坚持党的领导、加强党的建设，是我国国有企业的光荣传统，是国有企业的"根"和"魂"，是我国国有企业的独特优势。[①] 党的领导是做好金融工作的坚强政治保证。三十五年来，兴业银行从偏居一隅的地方性小银行发展成全国性现代综合金融服务集团，最大的保障就是始终坚持党的领导，不断加强党的建设，推动党的制度优势转化为企业治理能效。

可以毫不迟疑地说，党和国家的方针路线是兴业银行发展的指南针。兴业银行成立之际，正值改革开放初期，国内外社会经济环境异常复杂。为坚定发展方向，兴业银行提出"围绕业务抓党建，抓好党建促发展"的工作思路，以党建引领兴业银行的业务发展。

2008 年，美国次贷危机波及全球，国际国内形势异常严

---

① 铸牢国有企业的"根"和"魂"——深入学习贯彻习近平总书记全国国有企业党的建设工作会议重要讲话精神[J]. 石油政工研究, 2016 (06): 6-9.

峻，时任兴业银行董事长高建平适时提出"听党的话，跟政府走，按商业银行规律办事"。"听党的话"，即要顺应经济社会发展形势，坚持发展是第一要务，这也是当前兴业银行应走的"大道""正道"；"跟政府走"，即兴业银行要紧跟政府步伐，落实到具体的银行工作中，就是坚定做主流业务，在促进自身发展的同时，积极拓展市场空间；"按商业银行规律办事"，即按照银行运行规律做事，在促增长的同时，也不能放松对风险的防范，以求达到"求质量、促稳定、保安全"的目标。三者中，前两者是基本方向，后者是行动要求。

"听党的话，跟政府走，按商业银行的规律办事"，如同兴业银行发展的定海神针，在 2008 年业内普遍迷茫时，帮助兴业银行找到了前进方向。

2017 年，中国经济进入新常态，银行业也由上半场迈入下半场，兴业银行在"老三句"的基础上进一步强化，提出"新三句"，即"听党的话，跟党走，按党的规矩办事"。将党对金融工作的全面领导落实落细，有效落实"服务实体经济、防范金融风险、深化金融改革"三大任务，确保兴业银行走在正确发展的轨道上。"老三句"到"新三句"的变化，体现了兴业银行按照中央的决策部署、全面坚持党的领导、加强党的建设的决心和意志。

如今，兴业银行以党建赋能业务，提出"以高质量党建引领保障高质量发展"的口号，确保各项决策科学而高效，以提升兴业银行的市场竞争力。

致广大而尽精微，"听党话、跟党走"的政治品格早已融入兴业银行的精神血脉，成为兴业银行经营战略、公司治理的底色，也成为兴业银行三十五年来发展的动力源泉。正因如此，兴业银行每一步都迈得稳健，迈得高效。

金融为民：赋能地方经济发展

三十五年来，兴业银行不忘初心使命，坚持做党和人民的好银行，积极履行商业银行的责任担当。

成立初期，兴业银行就已经意识到，自身的发展既要遵循经济利益，又要服务经济建设，且要具备人民性。因此，面对重要困境，兴业银行依然把支持福建省内经济建设作为首要任务，尤其是支持福建省高速公路建设。

20 世纪 90 年代，全国正在大力修建高速公路以带动民生发展。而福建省由于财政资金紧缺，高速公路项目迟迟未动工。1993 年 9 月，兴业银行为支持福建省修建第一条高速公路——泉厦高速，在这一项目其他建设资金还没有落实的情况下，同意贷款一亿五千万元人民币，全力助推高速公路项目上马。1994 年 9 月，泉厦高速被批准开工，全长 81.4 公里，全线有桥梁 71 座、隧道 4 条、互通立交 6 处、分离式立交 41 处。经过三年奋建，1997 年 12 月 15 日，福建省第一条高速公路顺利通车，这背后，毫无疑问，有兴业银行的贡献，是兴业银行赋能地方经济发展，履行使命担当的生动体现。

集美大桥的修建则是兴业银行服务地方经济发展、支持城市基础交通建设的另一个重要项目。2006 年，集美大桥开工建设，该项目总投资约 30 亿元，其中兴业银行厦门分行向集美大桥的业主单位厦门路桥建设集团有限公司提供了 18.12 亿元贷款，这笔款项从申报到审批通过，仅用了短短两周时间。兴业银行用实际行动为城市建设添砖加瓦。资金到位后，兴业银行也未停止服务步伐，不断根据项目推进情况调整方案，保障集美大桥顺利完工。①

在成立初期，兴业银行就开展金融扶贫，帮助地处闽东山区的宁德市周宁县发展基建，投资了兴业路、兴业桥等项目，帮助周宁县人民摆脱交通闭塞、生活不便的困境。后来周宁县经过发展及蜕变，成为全国电子商务进农村综合示范县、福建省经济发展"十佳"县（市），人民生活也有了翻天覆地的变化。

知所从来，思所将往；行程万里，不忘初心。兴业银行坚

① 金融界资讯. 倾注金融力量 助力鹭岛腾飞 兴业银行厦门分行坚守金融服务本心，助力厦门城市建设与发展 [EB/OL]. (2022-09-30)[2023-10-13]. https://business.sohu.com/a/589221373_121335114.

守金融为民的本心，坚持把国家实体经济发展与民生保障作为金融服务的着力点，也助推着自身事业发展走向一个又一个新高度。

第二节　普惠金融：助力美好生活

2003 年，联合国首次提出普惠金融概念。时任联合国秘书长安南指出："世界上大多数穷人仍然难以获得储蓄、信贷、保险等金融服务。我们的一大任务就是消除那些将人们排除在金融活动之外的因素。"[①]2005 年，在联合国的国际小额信贷年活动中，普惠金融概念再次被提及。之后，普惠金融成为国际上的一项重要金融实践。

中共中央、国务院也高度重视普惠金融发展，将其上升至国家战略层面。2015 年，国务院印发《推进普惠金融发展规划（2016—2020 年）》，这是我国首个发展普惠金融的国家级战略规划。[②]2017 年，银监会等 11 部委联合印发《大中型商业银行设立普惠金融事业部实施方案》，要求商业银行从实际

---

① 郭豫媚. 新经济需要这样的普惠金融：消除机会不平等 兼顾效率与风险[EB/OL]. (2022-01-06)[2023-10-13]. https://baijiahao.baidu.com/s?id=1721181584505392280&wfr=spider&for=pc.

② 新华社. 国务院印发《推进普惠金融发展规划（2016—2020 年）》[EB/OL]. (2016-01-15)[2023-10-13]. https://www.gov.cn/xinwen/2016-01/15/content_5033105.htm?gs_ws=tsina_635884696663794504.

出发，设立普惠金融事业部，聚焦小微企业、"三农"、创业创新群体和脱贫攻坚等领域。[①] 同年 9 月，央行发布《中国人民银行关于对普惠金融实施定向降准的通知》，鼓励、支持商业银行发展普惠金融业务。[②]

在国家和监管部门一系列政策、举措的支持推动下，银行金融机构纷纷加快布局普惠金融业务。2012 年，招商银行提出普惠和数字化探索，并逐步建立起"零售信贷工厂"。2015 年，招商银行在原有基础上叠加金融科技战略。之后，招商银行借助金融科技创建三大普惠金融服务新模式，包括从申请到放贷 60 秒的闪电贷平台、"一个中心批全国"信贷工厂集中审批模式和覆盖全国 44 家分行的普惠金融服务中心。2018 年，建设银行全面启动普惠金融战略，通过金融科技创新驱动，打造普惠金融"建行模式"。2019 年，中信银行制定《2019—2020"党建＋普惠"工作实施方案》，全面推进党建引领下的普惠金融发展战略。

兴业银行紧跟国家发展战略，高度重视普惠金融工作——立足社会民生，聚焦薄弱领域，多举措推进普惠金融业务发

[①]　中华人民共和国中央人民政府. 11部门关于印发大中型商业银行设立普惠金融事业部实施方案的通知[EB/OL]. (2017-05-27)[2023-10-13]. https://www.gov.cn/xinwen/2017/05/27/content_5197378.htm.

[②]　环球网.央行对普惠金融实施定向降准政策 2018年起实施[EB/OL]. (2017-09-30)[2023-10-13]. https://baijiahao.baidu.com/s?id=1579960264584639189&wfr=spider&for=pc.

展，不断提升对小微企业、"三农"、贫困人口、特殊人群、生态建设等领域的金融服务水平。

打造普惠金融兴业样本

兴业银行一直坚持寓义于利，把普惠金融作为其践行企业社会责任的重要路径。为不断提高普惠金融的精准性和有效性，助力人们的美好生活，兴业银行着力打造普惠金融的兴业样本，努力实现社会责任与企业发展的和谐统一。

兴业银行在实践中主要从三方面入手。

打造差异化普惠金融服务模式。普惠金融的难点在于如何打通金融服务的最后一公里。兴业银行作为国内首家成立普惠金融事业部的股份制商业银行，综合运用集团资源和多元化金融工具，厚植自身已有优势，打造差异化普惠金融服务模式。

一方面，着眼可持续发展，兴业银行充分利用自身在绿色金融领域的领先优势，将绿色金融实践延伸至普惠金融领域，提升绿色金融的普惠性，打造"绿色＋普惠"金融服务模式。具体而言，利用排污权抵押贷款、碳资产质押贷款、能源管理融资等多元化产品，助力节能减排中小微企业盘活环境权益资产，破解中小微企业融资难问题。2022 年年报显示，截至 2022 年末，兴业银行已累计为 1.8 万户中小微企业、个体工商户提供延期还本付息贷款超过 800 亿元；对公绿色贷款余额 6368 亿元，其中支持小微企业绿色转型的绿色贷款超过 1500 亿元，占比超过 24%，普惠小微贷款余额较上年增长 35. 27 %，切实降低了中小微企业的融资成本。

向清洁能源产业倾斜，重点扶持光伏电站、风力发电、生态旅游等普惠金融项目，助力国家实现"双碳"目标。截至 2022 年末，兴业银行清洁能源产业绿色贷款余额 1325.71 亿元，较年初增长 82.44%；西部风光大基地建设相关绿色金融融资余额 1088 亿元，新增 219 亿元。2022 年新投放风电、光伏等新能源电站项目贷款 399 亿元，服务西部风电光伏大基地项目 155 个。[①] 此外，推动绿色消费贷、绿色信用卡、低碳信用卡等个人绿色普惠金融业务，推动更多个人开始关注和参与生态文明建设。

另一方面，兴业银行依托已有的银银平台、"财富云"、社区支行等渠道优势，加大与中小金融机构的业务合作、科技输出、管理培训，将现代化金融服务扩展至广大偏远农村地区，填补金融服务盲区，增强金融包容性、普适性，增进老百姓公平感、获得感的同时，坚持"致敬劳动者"的个人普惠金融理念，通过社区支行、"兴公益"惠民驿站等渠道下

① 中国新闻周刊. 兴业银行：加快集团"全绿"转型 服务能源产业高质量发展[EB/OL]. (2023-04-10)[2023-10-13]. http://www.inewsweek.cn/observe/2023-04-10/18118.shtml.

沉服务，贴近普通大众，先后创新推出"安愉人生"养老综合金融服务方案、"兴惠贷"普惠型个人经营贷款产品集合等特色产品服务。

兴业银行讲究实际，根据自身优势，打造差异化普惠金融服务模式，有利于促进社会创业创新，增进就业，让诸如中小微企业、农民、贫困人群、老年人等弱势群体享受到公平公正的金融服务，助力社会主义和谐社会建设。

科技赋能，为普惠金融插上数字"翅膀"。 随着数字化转型时代的到来，科技已成为普惠金融发展的重要助力。兴业银行主动拥抱时代发展潮流，依托数据平台及全场景生态构建，打破时间、空间限制，努力解决中小微企业的融资难问题。同时，在此基础上，不断延展金融服务触角，提升金融服务的精准性，从而触达更多普惠群体，切实助力实体经济发展壮大。

譬如，2010 年 6 月兴业银行便创设出"兴业芝麻开花"中小企业成长上市计划。这个计划提出了在科技型中小企业不同的成长阶段，兴业银行该如何去培育它、支持它，从而让科技型中小企业得以生存、发展、壮大，甚至上市。

又如，2019 年初，兴业银行启动"兴业普惠"平台建设，量身为客户打造开放式的数字普惠金融服务平台。该平台以线上融资服务为核心，打造云融资、云注册、云开户、云代账、云支付、云财富等"六朵云"服务体系，打通"线上＋线下"，连接"城市 + 乡村"，融合"对公 + 零售"，为中小微企业提供多元化、智能化的综合服务，赋能中小微企业成长壮大。

截至 2022 年末，"兴业普惠"平台累计连接超 700 个外部合作平台，形成小微企业"快易贷、快押贷、快供贷、快担贷"四大线上产品体系，接受近 18 万户申请，吸引 6.8 万余户企业注册，认证企业近 2.9 万户，解决融资需求超 1000 亿元，努力实现小微企业贷款"增量、提质、降价、扩面"。依托"兴业普惠"平台，兴业银行普惠小微企业贷款余额突破4300 亿元，民营企业贷款余额突破万亿大关，广引金融"活水"助力中小微企业走出困境。

再如，兴业银行承建运营的线上综合金融服务平台——金服云，以政务数据为基础、企业经营数据为核心、第三方数据为补充，打破信息孤岛，突破银企信息不对称瓶颈，多元对接各类金融机构，致力于为企业提供一站式全方位金融服务，有效缓解民营、中小微企业"融资难、融资贵、融资慢"问题，让"普惠金融"活水精准滴灌中小微企业、个体商户等市场主体，破解了金融机构"不敢贷、不愿贷"的难题。① 截至 2022年末，"金服云"平台累计入驻金融机构 118 家，发布 606 款产品，覆盖福建省内设点经营的主要银行，打通外部平台 19

---

① 倪方圆. 兴业银行创新搭建金服云平台，开创"获奖 助企""双赢局面"[EB/OL]. (2020-08-26)[2023-10-13]. https://baijiahao.baidu.com/s?id=1676071339210768504&wfr=spider&for=pc.

个，注册用户超 25 万户，累计解决融资需求超 6 万笔，其中普惠小微贷款占比超 98%，累计帮助 5 万余户中小微企业和个体工商户获得政策和资金支持，金额突破 2100 亿元。[①]

通过该平台，企业可以在线上快速实现贷款。以兴业银行的"快易贷"为例，从申请到放款仅需半小时，而平台的银票"秒贴"功能，能让银票贴现信息快速实现线上的撮合和对接，支持企业持有 500 万以下银票的线上询价及贴现，平均贴现时间在 15 分钟内，金融服务效率之高，令人感叹。[②]

不断增加普惠金融产品和服务供给。兴业银行一方面不断丰富普惠金融产品体系，创新推出适合不同群体的产品。比如，兴业银行在股份制商业银行中首先推出以"关爱农民工"为主题的普惠金融服务方案。这是针对城乡广大务工人员打造的，涵盖专属银行卡、专属增值服务和专属金融产品等系列专属服务，拥有工资代发、保险赠送、法律咨询、定制理财等贴心的金融服务。而"农批贷""兴惠贷""订单贷""共富 e 贷"等系列产品的推出，更是为兴业银行普惠金融产品家族增丁添口。

---

① 中国经济网. 生态强省绿色金改，福建打造资管行业新高地[EB/OL]. (2023-05-17)[2023-10-13]. https://baijiahao.baidu.com/s?id=1766105999925646737&wfr=spider&for=pc.

② 人民资讯. "云"端春风至 普惠活水来——金服云平台注册企业突破11万家[EB/OL]. (2021-05-10)[2023-10-13]. https://baijiahao.baidu.com/s?id=1699335575717883334&wfr=spider&for=pc.

另一方面，兴业银行还加大减费让利力度，为普惠金融发展添砖加瓦。2021 年，中国人民银行、银保监会等四部委联合发布《关于降低小微企业和个体工商户支付手续费的通知》，要求降低小微企业和个体工商户支付手续费用，旨在减轻小微企业和个体工商户的负担。[①] 兴业银行紧跟国家政策，坚定服务实体经济初心，不仅向小微企业和个体工商户提供有温度的支付服务，还扩大优惠服务面，加大减费让利力度。2022 年全年，兴业银行减免各项服务费用约 90 亿元，其中，涉企减费约 21 亿元，零售客户减费约 69 亿元。[②] 兴业银行民薪卡自 2021 年 4 月上线以来，累计发卡超 35 万张，2022 年全年减免金额 367 万元。[③]

发展普惠金融，是全面建成小康社会，实现共同富裕的必然要求，也是兴业银行践行"金融为民"，服务实体经济的本质内涵，能不断满足人民日益增长的对美好生活的追求，助力中国梦实现。兴业银行通过普惠金融服务模式与服务产品创新，通过政策倾斜、科技赋能，推动普惠金融高质量发展。

---

① 中华人民共和国国务院新闻办公室. 四部门关于降低小微企业和个体工商户支付手续费的通知[EB/OL]. (2021-06-24)[2023-10-13]. http://www.scio.gov.cn/xwfbh/xwbfbh/wqfbh/47673/48587/xgzc48593/Document/1727479/1727479.htm.

② 中国江苏网. 普惠加码！兴业银行2022年降费90亿元[EB/OL]. (2023-04-24)[2023-10-13]. https://baijiahao.baidu.com/s?id=1764058795049214432&wfr=spider&for=pc.

③ 中国江苏网. 普惠加码！兴业银行2022年降费90亿元[EB/OL]. (2023-04-24)[2023-10-13]. https://baijiahao.baidu.com/s?id=1764058795049214432&wfr=spider&for=pc.

演绎乡村振兴幸福图景

　　"农，天下之本，务莫大焉。""务农重本，国之大纲。"历史和现实都告诉我们，农为邦本，本固邦宁。我们要坚持用大历史观来看待农业、农村、农民问题，只有深刻理解了"三农"问题，才能更好理解我们这个党、这个国家、这个民族。

　　——2022年4月1日，《求是》杂志发表习近平总书记重要文章《坚持把解决好"三农"问题作为全党工作重中之重，举全党全社会之力推动乡村振兴》

　　"农，天下之本，务莫大焉"，这句出自太史公《史记·孝文本纪》的话，点明了中华上下五千年历史的根基——农业。荀子云："春耕、夏耘、秋收、冬藏，四者不失时，故五谷不绝而百姓有余食也。"农业之于国家社会，是经济发展的支撑，是财富积累的基础；农业之于民众，是生存的有力保障，是文明进步的跳板，即"仓廪实而知礼节，衣食足而知荣辱"。

　　纵观历朝历代，无不关注农业与国家命运的关系，农业兴、百姓兴，则国泰民安，社会稳定。尤其在中国共产党成立后，与广大乡村百姓坚定站在一起，农业得到空前重视。

　　高楼林立的广州城内，有一座名为"毛泽东同志主办农民运动讲习所旧址纪念馆"的古式建筑显得很耀眼。1926年，毛泽东南下广州，在这座建筑内多次开展关于农民运动的讲习，成为"为农民谋幸福"初心的源头。这座建筑内，高挂着一面红色的旗帜，旗帜上四个黑色大字熠熠发光，"农为党本"或是"本党为农"，都昭示着中国共产党解决"三农"问题的决心至今未曾改变。

历史在此处回眸。党的二十大召开后，国家把"三农"问题摆在极其突出的位置，每年的"一号文件"都会对农业作出全面部署。新时代下，乡村振兴工作迈向了新征程。

一直以来，起步八闽大地的兴业银行不忘胸怀"国之大者"，落实行之要务的本色，深入"三农"领域，勇当乡村振兴金融主力军。从架构设计、科技赋能、金融服务等方面入手，加大力度将金融"活水"引入广袤的乡村大地。

截至2022年末，兴业银行涉农贷款余额超5800亿元，较上年末增长24.61％，遥遥领先所有贷款平均增速，以实际行动交出一份服务乡村振兴的"兴业答卷"。

聚焦乡村振兴，兴业银行以三个方面为重要抓手。

加强顶层设计，打造乡村振兴"新样本"。2022年，兴业银行出台《兴业银行全面推进金融服务乡村振兴开拓战略发展新空间的实施方案》，落实摘帽不摘责任、不摘政策、不摘帮扶、不摘监管"四个不摘"政策要求。该方案以"科技、绿色、财富"三大特色为基础，用兴业银行的科技能力大力支持乡村产业改革；用兴业银行在绿色金融的优势，在实现乡村振兴的同时保证可持续发展；用兴业银行的产品服务，促进乡村振兴走出一条差异化道路。

同时，兴业银行在总行设立由董事长亲自牵头的"金融扶贫成果巩固与乡村振兴工作领导小组"，并要求各分行成立"乡村振兴领导小组"，在普惠金融部加挂乡村振兴部牌子，保障全行乡村振兴工作有序开展。更重要的是，兴业银行将"乡村振兴领域贷款"指标纳入对分行的年度综合考评，高度重视乡村振兴的实际成绩，并联合主办中国（福建）乡村振兴高质量发展大会暨首届绿色低碳产业高峰论坛，绘制高质量服务乡村振兴的"规划图"和"路线图"。

强化金融支持，使之成为脱贫到振兴的"加速器"。以政和县为例，这个福建省常年经济倒数第一的县，流淌着兴业银行脱贫攻坚至乡村振兴的"金融之河"。早在 2009 年，时任兴业银行董事长高建平、行长李仁杰多次前往政和县，拉开了开展精准扶贫工作的序幕。2011 年，政和县开始大力打造省级开发区——同心经济开发区。产业振兴是脱贫攻坚和乡村振兴的重中之重，为此，兴业银行向政和县提供了为期 10 年共计 3.6 亿元的低息开发贷款，专项用于经济开发区一期基础设施项目建设，该笔贷款兴业银行将基准利率下调了 30%，是迄今为止全行利率下调最多的一笔贷款。正是这笔资金的支持，同心经济开发区顺利建成，为带动当地的经济发展，实现政和县脱贫目标贡献了一分力量。

不仅是经济发展方面，兴业银行还重点解决政和县进城务工的农民工子弟就学问题，捐资修建政和县第二实验小学和第三实验小学，并要求学校针对弱势群体子女进行专项支持，通过教育持续带动政和县未来发展。

得益于兴业银行的帮扶，政和县从福建省经济总量倒数第一到福建省县域经济发展"十佳"，实现了贫困县脱胎换骨的蜕变。

目前，兴业银行政和支行筹建工作已提上日程，进一步加大了对当地乡村振兴的支持力度，巩固了扶贫成果。同时，兴业银行将现金支持改为科技赋能，"授人以鱼不如授人以渔"，在教育系统、医疗系统进行系统投入，改造基础科技平台、物流平台，帮扶政和县发展得更好。

十余年的对口支持，兴业银行南平分行每一任行长都接过了金融输血的接力棒，累计向政和县投放贷款近 10 亿元，累计捐款超过 5000 万元，政和县政府为感谢兴业银行，把开发区里的一条路取名为兴业路。

推进科技赋能，孕育乡村振兴"金羽翼"。"兴牛贷"依托物联网技术，为每一头奶牛定制了专属的数字目标，通过区块链技术形成唯一性数字化标识，实现奶牛状态的在线监控、奶牛数量的在线盘点及解决奶牛遗失问题；"智慧农批系统"向农产品批发市场免费提供，解决传统农产品批发市场管理模式落后、信息化水平低、人工耗时耗力等问题。

兴业银行自主开发全线上化的光伏贷产品，通过"区块链 +AI 技术"，有效链接农户、银行、光伏企业，形成多方共赢的全链条服务模式：兴业银行为有意向购买光伏发电设备的农户提供金融支持；光伏企业销售设备、提供技术支持实现农户并网发电；农户通过售卖电量的收入用于还贷并获得剩余收益，激活光伏设备的安装需求，成功实现每名农户增收。

民族要复兴，乡村必振兴。兴业银行情系乡村振兴，积极助力、使命必达，成为链接乡村与金融机构的情感纽带，不断开创全面推进乡村振兴新局面，既响应国家号召，又顺应中华文明发展的历史潮流。

答好共同富裕时代答卷

1985 年 3 月，邓小平同志在对社会主义本质概括的过程中指出："社会主义的目的就是要全国人民共同富裕，不是两极分化。"而后，中国共产党继续对共同富裕问题进行了持续深入的探索。党的十九大报告提出"实现中华民族伟大复兴的中国梦"，其本质就是要实现国家富强、民族振兴、人民幸福。

"中国梦"归根到底是中华人民实现共同富裕的梦想，与中华民族伟大复兴不可分割。

两千多年前的先秦时期，古人们也有着"中国梦"。《礼记·礼运》记载"使老有所终，壮有所用，幼有所长，矜、寡、孤、独、废疾者皆有所养……是谓大同。"

先富共富，而后大同。

当今，中国银行业已经成为实现共同富裕的重要助推力，各家上市银行公布的财报中，多次提到共同富裕。或许各家银行的路径与方式不尽相同，但本质却是奔着同一个目标，即通过金融向善的力量，服务人民、服务经济，早日实现共同富裕的梦想。

作为改革开放的产物，兴业银行深知自身的历史使命，金融向善、金融为民，并将此与发展战略相结合，作答出一份实现共同富裕的时代考卷。换言之，兴业银行不仅把共同富裕根植于人民的沃土，使之茁壮成长、开花结果，也要在其中履行社会责任和企业担当。兴业银行多次表示："推进中国式现代化迫切需要推进共同富裕，金融是现代经济的核心、国民经济的血脉，服务共同富裕是当仁不让的重大责任，也是转型发展的重大机遇。服务共同富裕，金融创新大有可为。"

在共同富裕上，兴业银行做得到底如何呢？四个重点已初见成效。

第一点，促进经济和金融良性循环。目前，中国正在构建以国内大循环为主体、国内国际双循环相互促进的新发展格局，经济结构的优化、迈向高质量发展的背后是经济循环逻辑的改变。随着房地产、传统基建行业的调整，新能源、新材料、新基建等不断崛起，"科技—产业—金融"新三角循环逐渐替代了"房地产—基建—金融"旧三角循环，成为新发展格局中的重要支撑。

2022 年初，兴业银行在稳妥推动房地产、地方政府融资等传统赛道业务稳健发展转型的同时，提出了"巩固基本盘、布局新赛道"的策略。随后在 2022 年上半年工作会上，兴业银行将"普惠金融、科创金融、能源金融、汽车金融、园区金融"作为五大重点发展领域。同时，大力转变授信模式，发展直接融资，更好地服务科技创新和产业升级，推动银行高质量发展。

第二点，从大企业延伸至普惠小微。就业问题，是共同富裕道路上最严峻的考验，而我国的小微企业和个体工商户贡献了近 90% 的市场主体和 80% 的就业机会，是就业的基本保障。兴业银行通过帮助众多小微企业实现生产经营稳定，最终实现经济大盘稳定。

第三点，从城市走向乡村。乡村振兴是走向共同富裕的必经道路，兴业银行认识到乡村广袤的沃土是金融服务的"热土"，既是积极响应国家乡村振兴战略的机会，又是自身转型发展的机遇。兴业银行发挥绿色金融的优势，通过因地制宜的绿色项目，如光伏、旅游业、林业等领域的项目，以生态制造财富。

第四点，促进青年与老年的代际平衡。近年来，养老问题日趋引起国人关注，我国在"十四五"时期60岁及以上老年人口数量将超过3亿，占全国人口总量20%。金融机构积极开展养老金融服务成为应对人口老龄化的重要内容。

兴业银行一方面根据年轻人的特点打造全生命周期财富管理服务，做好财富代际传承、保值增值的探索者。另一方面，兴业银行积极参与以个人储蓄性养老保险与商业养老保险相衔接的养老体系第三支柱建设。2022年，兴业银行推出个人养老金账户相关业务，客户只须通过兴业银行APP或者柜面渠道就能开立个人养老金账户，定期转入个人部分收入，即可实现自主选择养老金融产品获取收益，当客户达到法定退休年龄后，即可一次性或分批次领取相应养老资金。不仅如此，兴业银行在传统养老模式外，还创新探索存房养老等新模式，把住房等资源盘活，实现全民共同受益。

共同富裕，要靠共同奋斗。胸怀"国之大者"的兴业银行，正努力迈向金融支持国家共同富裕的主流银行，并将会同更多、更大的金融力量参与其中，持续为"金融为民、金融向善"贡献兴业智慧和兴业经验。

第三节　向善而兴：投身公益事业

在壮大自身的同时，兴业银行也没忘记积极回馈社会。一路走来，兴业银行认真践行企业社会责任，形成捐资助学、抗灾救灾和扶贫济困三位一体的"兴公益"格局。截至 2022 年末，兴业银行累计捐赠金额超 6.5 亿元。

2018 年 10 月，兴业银行荣获福建省政府颁发的"襄教树人奖"；2020 年 11 月，兴业银行被授予"扶贫重大贡献荣誉证书"，成为为数不多的获奖金融机构；2023 年 3 月，兴业银行在首届"福建慈善奖"评选中，荣获"爱心捐赠企业（机构）奖"……一系列奖项的获得，是兴业银行"寓义于利"承担社会责任的最好体现，更是社会各界对兴业银行专注公益事业的肯定与认可。

捐资助学

国家要振兴，教育是根本，孩子是希望。多年来，兴业银行通过整合集团资源，设立奖学金、助学金，发放助学贷款等方式，形成从小学到大学、从普通教育到特殊教育的多元教育帮扶体系。截至 2022 年末，累计捐资助学金额超 1 亿元。这项实实在在的善举，帮助很多困难学生完成了学业，实现了人生理想。

百年大计，教育为本。2000 年，兴业银行正式设立"福建省关心下一代兴业奖学金"，并延续至今。这个助学项目资助了福州大学、福建师范大学、福建农林大学、福建医科大学、福建中医药大学等多所高校的学生，是福建省内资助时间最长的助学项目之一。2007 年，兴业银行参照国家励志奖学金标准设立"兴业银行公益慈善助学金"，是福建省内资助时间最长、总金额最多、覆盖面最广的社会学生资助项目之一。

除此之外，兴业银行还以各种形式支持教育事业，如帮助学校改善校舍、捐赠教学设备，支持设立特殊教育专项基金，成立关爱青少年的"童兴俱乐部"等。

兴业银行关爱贫困学子，将捐资助学变成银行的优良传统，诠释了一家大企业应有的责任与担当。

抗灾救灾

俗话说：一方有难，八方支援。三十五年来，兴业银行结合自身抗灾救灾的实践经验，通过出台支持政策、资金倾斜、减费让利、应贷尽贷、应延尽延等方式，形成了较为完善的抗灾救灾应急机制：一是灾难发生后，由灾难发生地的分支机构组建抗灾指挥部，处理和协调抗灾救灾工作；二是借助自身作为金融企业的渠道优势，开通救灾汇款绿色通道，将救灾资金尽快送达灾区；三是灾难发生后，积极组织公司及员工捐款；四是在条件允许情况下，组织志愿者赶赴灾区进行支援。

慷慨赈灾，义不容辞。2008年汶川大地震后，兴业银行累计向汶川地区捐款2294万元，并及时发放了灾后重建第一笔贷款；2015年，广东湛江遭受15级超强台风"彩虹"重创，兴业银行广州分行启动1亿元紧急贷款扶助，为受灾企业开启贷款绿色通道；2021年9月，兴业银行通过厦门、莆田、泉州三地慈善总会及漳州市红十字会等向福建疫区、疫情防控重点区域合计捐款1800万元；2022年3月，兴业银行向"全港社区抗疫连线"捐赠1000万元港币驰援抗疫一线……

兴业银行实实在在的帮扶，帮助受灾地区快速渡过难关，迅速恢复活力。让金融有温度，兴业银行抗灾救灾的实践行动，淋漓尽致地阐释了这一点。

扶贫济困

大企业有大担当。多年来，兴业银行通过扶贫济困的实践经验，走出了一条具有兴业特色的精准化、差异化扶贫之路。

一方面，兴业银行通过资金下拨与干部下派相结合、基础设施民生工程援建与产业发展支持相结合、单位挂钩帮扶与员工自愿参与相结合等方式，持续推进、巩固、拓展脱贫攻坚成果与乡村振兴有效衔接。2020年，兴业银行成立金融扶贫工作领导小组，并率先在同类型银行中设立普惠金融专门机构，从资源、政策上向扶贫工作倾斜，形成"输血""造血"并举、"融资""融智"结合、线上线下并进的扶贫格局，构建起产业扶贫、渠道扶贫、产品扶贫、定点扶贫、教育扶贫五大精准扶贫体系。[①] 同年4月，兴业银行原脱贫攻坚阶段的51个挂钩帮扶点均提前实现脱贫摘帽。

另一方面，兴业银行积极立足自身经营优势和业务特色，制定出差异化扶贫策略。比如，将绿色金融优势转变为扶贫优势，推动贫困地区实现绿色发展；利用银银平台，解决农村地区金融机构难题，将现代金融服务延伸至广大偏远地区；推动农村"两权"抵押、银政合作产业基金、政府风险补偿基金贷款等产品创新。[②]

扶贫济困已成为兴业银行的常态，给广大地区带去了希望，给中国经济社会发展提供了支撑。

---

① 证券日报. 兴业银行：截至6月末累计投放产业精准扶贫贷款55亿元 [EB/OL]. (2020-09-10)[2023-10-13]. https://baijiahao.baidu.com/s?id=1677452381386110691&wfr=spider&for=pc.

② 兴业银行官网. 兴业银行获评全国慈善会"十大爱心企业"[EB/OL]. (2017-07-04)[2023-10-13]. https://www.cib.com.cn/cn/aboutCIB/about/news/2017/20170704_1.html.

　　"一点一滴，一兴一益。"从 2018 年发布国内首个银行集团公益品牌"兴公益"，到 2021 年依托境内 44 家分行 2000 余家营业网点，在全国打造 2139 家"兴公益"惠民驿站，兴业银行为社会公众提供了四大类 40 余项综合便民惠民公益服务，兴业银行积极肩负起企业社会责任，寓义于利。在积极服务中国经济建设的同时，热心公益慈善事业，播撒希望，回馈社会，把"兴业温度"带到了经济社会的各个角落。

未来已来　百年跨越

熙熙攘攘、川流不息，银行业终究站在了时代的路口。

在中国，试图读懂银行业的未来并不容易。改革开放以来，国家经济的蓬勃发展使商业银行规模"超常规发展"，低处发展果实摘尽，高处技术、创新果实仍未成熟，银行业却一头扎进了新时代的浪潮。在改革开放红利缩减、中国经济结构调整、金融科技降维打击、触碰到天花板的第一增长曲线中，银行业惊奇发现要想重新发展再创辉煌，按图索骥已不再好用。

这是整个银行业的焦虑与阵痛，兴业银行也不例外。不过兴业银行重新上路的时机总是快一些，它不仅能跟随经济趋势调整战略，还能以充足的准备去战胜未来不确定的各个危机的挑战。

纵观世界银行发展史，技术更迭的危机始终都在，但上百年的传统银行并未因为技术更迭与进步在人类历史上消失，反而更加清醒，不仅拥抱技术，走在了同业前列，还推动行业改革提升，甚至以自身发展为范本，给予行业更多的思考，为行业带来新的发展范式与模本。

在百年银行业演变的过程中，科学技术有周期，但文化无周期。从大历史角度来看，银行文化是人类文明史重要组成部分。联合国开发计划署特别顾问、香港银行学会特聘专家陆建范教授在《百年西方银行》一书中写道："本书选择研究的银行，大部分都有超过一百年的历史。这些百年银行所沉淀的文化是近代西方文明史的重要部分。"[①]

从百年银行基业长青来看，文化更是企业真正的核心竞争力。经济学者任泽平认为，金融巨头地位维持的基石在于公司基因能够传承并不断创新，"性格决定命运"，人如此，企业也如此。成功的公司基因，通常包括开放包容的公司文化与行之有效的治理机制。[②]

优秀的企业文化是一种独特的生产力，能够有效地降低企业生产成本，提高企业经营效率，从而形成企业的核心竞争力——文化力。而金融文化力是商业银行的核心竞争力与重要生产力，决定商业银行的凝聚力、创新力、控制力和影响力。

---

① 陆建范. 百年西方银行[M]. 北京：中国金融出版社，2018.
② 任泽平，曹志楠. 金融模式[M]. 北京：中译出版社，2022.

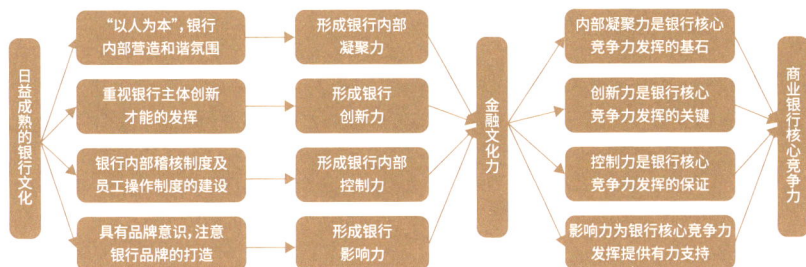

金融"文化力"决定银行的核心竞争力

　　湖南大学金融学院乔海曙教授开展了金融文化力与商业银行核心竞争力的关系研究（如图1），他认为：（1）银行内部凝聚力的强弱是决定银行经营成败的重要因素，银行需要建立在"人本理论"基础上的成熟金融文化；（2）银行组织的创新、观念的转换以及新产品的开发研制，都取决于银行的创新主体：职业银行家及"创新型"员工；（3）金融文化始终强调制度在银行的经营中起着一种理性杠杆和平衡的作用；（4）银行是以向社会提供金融服务为主要业务的服务性行业，因而银行在其产品开发推广中，必须注重银行社会形象的树立，并力求通过良好的社会形象获得社会有力支持。而银行社会形象的外在表现形式即为银行"品牌"。①

　　文化是一家银行成长的动力之源，更是百年基业的核心竞争力。

---

① 乔海曙, 吕伟昌. 金融"文化力"：商业银行的核心竞争力[J]. 上海金融, 2003 (09): 7-9.

中国银行业历史发展时期较短，但文化并未缺位。招商银行的成功之道可归结为战略、管理与文化，其核心竞争力就是自身的特定文化，一般人学不会。招商银行的品牌是三句话：一朵花、一句话、一个人。一朵花就是向日葵，因您而变，"为客户充满阳光的服务"，风险文化深入人心，人本文化吸引人才……正是这样的文化，使得招商银行有一种向上的氛围，形成了独特的竞争力。

回顾兴业银行三十五年来的发展，其成长的动力是什么？答案也是文化，这在本书第四篇有详细论述，对于未来，站在百年跨越的历史视角来看待文化，兴业银行该如何保持文化力？我们认为有四个方面需要思考：

一是传承。兴业银行的基因带有红色文化、闽商文化，爱拼会赢，这种融入兴业人骨血里的载地文化，是兴业银行最深刻的文化烙印，是兴业银行前进路上的最大内生动力。如何延续传承，是重中之重。

二是创新。如果说爱拼会赢是兴业银行走至今天的文化基石，那么创新则是兴业银行成长壮大、始终保持自身特色的决定性文化因子。未来如何保持持续创新力，靠的是文化与制度。

三是风险。银行是经营风险的行业，只要开门营业，风险就相伴左右，形影不离。随着银行业不断发展到全新阶段，银行业务不断创新，整个行业的风险由最初单纯的借贷信用风险逐步演变为多类型风险并存的模式，比如市场风险、操作风险、合规风险、信用风险等等。金融文化中的风险文化，可以有效解决银行业盲目扩张与内部违规，是银行稳健经营的关键。

四是品牌。银行的本质是信用，银行必须重视资信度和品牌美誉度。过去，国内大多数银行在文化品牌建设方面发力不足，但未来各家银行的竞争在于用户的竞争，谁能让用户拥有深刻的品牌认知，谁就能够在市场竞争中决胜而出。而品牌文化的核心在于影响，而非灌输，兴业银行下一步的百年文化之路，离不开文化力的沉淀与传播。

时至今日，兴业银行已走过三十五年历程。未来，兴业银行如何再造辉煌，关键在于如何传承与发扬兴业银行自身的文化与精神，祝愿兴业银行百年之路文化长青。

致谢

　　闽江水的涛声如昨日之歌，时时荡漾在耳旁，那波光里的光影，映照着有福之州，那两岸林立的高楼，是辉煌的象征，那夜晚通明的灯光，像极了闪耀的群星。

　　入驻兴业银行 8 月有余，福州、上海、北京、杭州、南京、重庆……调研脚步遍布全国十多个城市，深度对话约 200 位兴业人，查询史料档案数百万字，以第三方视角，全面、理性、深刻地展示中国银行业的一个缩影——兴业银行。

　　本书得以成书，得到了兴业银行总行的大力支持，感谢兴业银行以开放的姿态、包容的胸怀，接受考拉看看作为第三方团队，走近兴业，了解兴业。感谢所有接受本书采访的老一辈及新一代兴业人，正是因为有他们的真诚讲述，才有今天的记录，在此向他们表示最诚挚的谢意。感谢在本书创作过程中对我们倾情相助的各界人士，他们是邱泉先生、胡晓博士、刘景成先生……他们的洞见，让本书思想得以升华。

　　没有什么伟大的行业可以永远穿越周期，没有什么伟大的商业模式可以永远制胜，更没有什么伟大的企业可以永远超越时代。如果有，那一定是一种伟大的精神，总有一种力量可以鼓舞我们前进，总有一个场景可以让人泪流满面，总有一批人可以感动你我。

究竟什么是兴业力量？"我的一生只有兴业银行一个账户""我从大学毕业开始进入兴业银行直到退休，我的一生只有这一份工作""我与兴业银行共成长""进兴业门，做兴业人，办兴业事"……访谈中的回忆涌上心头，没错，这就是兴业力量，择其一事，终其一生的坚守，同呼吸、共命运的信念，爱拼会赢、勇攀高峰的奋斗。

三十五年前的 68 人，三十五年后的 7 万人，变的是时代更迭，不变的是精神传承。从 91 岁的老一辈兴业人，到 1990 年后出生的年轻人，同样都是"90"后，信仰不惧时光，精神代代传承。

从地方小银行到现代化综合金融服务集团，三十五年的辉煌背后，是兴业人将其命运的紧紧相连。兴业银行就是我的家，兴业文化一家亲，有多少不眠的日夜，就有多少奋斗的青春。

诞生于闽地，出身草根，敢闯敢拼，爱拼会赢。如果当下询问，谁是中国银行业的励志偶像，那一定是兴业银行，兴业人骨子里的拼搏精神和团队文化，早就形成了一股强大的兴业力量。

时光如水，奔流不歇

经过多少潮起潮落，花开花谢

再过上三十年，五十年

我们走过了多么难忘的岁月

时不我待啊，机不可缺

捧出多少真诚面对关心体贴

再过上七十年，九十年

我们创造了多么兴旺的事业

祝愿你我，如兴业之歌，奏响在这个伟大的国家，奏响在这个伟大的时代。

[1] 吴军. 浪潮之巅[M]. 北京: 电子工业出版社, 2011.

[2] 沈居安. 交通银行史话（1907—1949）[M]. 青岛: 青岛出版社, 2017.

[3] 兴业银行《"赤道原则"与银行可持续发展》课题组. 从绿到金——基于"赤道原则"的银行可持续发展实证研究[M]. 北京: 中国环境出版社, 2017.

[4] 董宝珍. 价值投资之银行大博弈[M]. 北京: 机械工业出版社, 2021.4.

[5] 梁漱溟. 中国文化要义[M]. 上海: 上海人民出版社, 2018.

[6] [澳]布莱特·金(Brett King). 银行4.0[M]. 施轶, 张万伟译. 广州: 广东经济出版社, 2018.

[7] 兴业银行绿色金融编写组. 寓义于利——商业银行绿色金融探索与实践[M]. 北京: 中国金融出版社, 2018.

[8] 兴业证券股份有限公司. 追求卓越——兴业证券成立30周年纪念文集[M]. 北京: 中国金融出版社, 2021.

[9] 李志辉. 中国银行业改革与发展[M]. 上海: 上海人民出版社, 2018.

[10] 陆建范. 百年西方银行[M]. 北京: 中国金融出版社, 2018.

[11] 任泽平, 曹志楠. 金融模式[M]. 北京: 中译出版社, 2022.

[12] 张艳花. 股份制的深圳实验——访国务院经济特区工作组成员、中国证监会首任主席刘鸿儒[J]. 中国金融, 2020 (Z1):37-39.

[13] 陈芸. 福建兴业银行的发展构思[J]. 福建金融, 1989 (07):10-11+4.

[14] 陈乔. 中小银行金融同业业务授信管理探讨[J]. 华北金融, 2013 (04): 48-50.

[15] 铸牢国有企业的"根"和"魂"——深入学习贯彻习近平总书记全国国有企业党的建设工作会议重要讲话精神[J]. 石油政工研究, 2016 (06): 6-9.

[16] 高建平.兴业之问[J].中国金融家,2018 (09): 34-37.

[17] 张伟.准确把握"国之大者"的深刻内涵和时代特征[J].中国党政干部论坛,2022 (04): 38-42.

[18] 梁环忠,孙红艳.绿色信贷对兴业银行经营绩效影响探究[J].金融理论与教学,2023 (02): 48-55+60.

[19] 张清荣.文旅融合视角下红色文化资源保护利用研究——以福州市为例[J].老区建设, 2022 (05): 12-17.

[20] 田秋.兴业银行哈尔滨分行开展政银合作助力乡村振兴[J].黑龙江金融,2023 (02): 89.

[21] 胡秋红,李琪,金苗.银行系金融科技子公司兴业数金发展研究[J].合作经济与科技,2023 (06): 69-71.

[22] 高建平:探路革新 行业引领[J].银行家,2017 (01):16.

[23] 乔海曙,吕伟昌.金融"文化力":商业银行的核心竞争力[J].上海金融,2003 (09): 7-9.

[24] 吴祎伦."碳达峰、碳中和"背景下兴业银行绿色金融业务的分析[D].河北:河北金融学院,2022.

[25] 邓赛.绿色金融背景下兴业银行社会责任绩效评价研究[D].湖南:南华大学,2022.

[26] 石朝格.兴业银行董事长高建平:十八年兴业路[N].中国证券报,2007-02-05.

[27] 刘薇.股份制银行资产10年增7倍 吹响新时期转型"号角"[N].羊城晚报,2013-12-18.

[28] 刘诗平,吴雨.2013年末我国银行业金融机构总资产超150万亿元[N].新华社,2014-2-14.

[29] 史进峰.同业代付新规承压 上市银行三季度凸显"去同业化"[N].21世纪经济报道,2012-11-01 (011).

[30] 马传茂.改革创新需要不计小利得失的战略定力[N].证券时报,2018-10-31 (A05).

[31] 马传茂.一张蓝图绘到底 依托强大战略执行赢得战略主动[N].证券时报,2021-09-27 (A03).

[32] 胡天姣.科技创新如何转化为金融信用 兴业银行称需从"现金流"到"技术流"[N].21世纪经济报道,2022-08-23 (007).

[33] 张冰洁.擦亮"三张名片"为中国式现代化贡献兴业力量[N].金融时报,2022-12-09 (001).

[34] 朱英子. 兴业银行行长陶以平："四个赋能"提升金融供给能力 促进高质量发展[N]. 21世纪经济报道, 2022-12-30 (013).

[35] 甘景山. 走向市场天地宽——记福建兴业银行[N]. 法制日报, 1996-06-14.

[36] 赖星, 邬慧颖. 融入血脉的信仰, 生生不息的力量——苏区精神述评[EB/OL]. (2021-07-29)[2023-10-13]. https://baijiahao.baidu.com/s?id=1706602348902342361&wfr=spider&for=pc.

[37] 海峡都市报社. 家门口的兴业银行, 20岁了！[EB/OL]. (2008-08-08)[2023-10-13]. http://www1.cib.com.cn/cn/aboutCIB/about/news/2008/20080808.html.

[38] 21世纪经济报道. 独家专访兴业银行行长陶以平：轻型银行谋定而动[EB/OL]. (2017-05-06)[2023-10-13]. https://www.cib.com.cn/cn/aboutCIB/about/news/2017/20170508.html.

[39] 河南商报网. 兴业银行荣获"2018年度生态文明建设贡献奖"[EB/OL]. (2019-04-28)[2023-10-13]. http://www.shangbw.com/news/show-16429.html.

[40] 第一财经. "同业之王"的重构：兴业银行4年非标规模压降超万亿[EB/OL]. (2019-09-11)[2023-10-13]. https://baijiahao.baidu.com/s?id=1644363770311550607&wfr=spider&for=pc.

[41] 新华社. 里程碑！中国经济总量跃上百万亿元[EB/OL]. (2021-01-18)[2023-10-13]. https://baijiahao.baidu.com/s?id=1689209235156982163&wfr=spider&for=pc.

[42] 中央广播电视台粤港澳大湾区之声. 再上新台阶！2022年我国GDP超121万亿元[EB/OL]. (2023-03-01)[2023-10-13]. https://m.gmw.cn/baijia/2023-03/01/1303298217.html.

[43] 康淼. 兴业引领新一轮金融上市潮[EB/OL]. (2007-02-06)[2023-10-13]. http://finance.sina.com.cn/stock/s/20070205/16133313375.shtml.

[44] 扬子晚报. 兴业银行成功登陆A股市场[EB/OL]. (2007-02-06)[2023-10-13]. https://www.cib.com.cn/cn/aboutCIB/about/news/2007/20070206.html.

[45] 王珞. 聚焦"四大经济" 兴业银行为新福建建设再添动能 [EB/OL].(2022-06-18)[2023-10-13].https://www.cs.com.cn/yh/04/202206/t20220618_6278243.html.

[46] 朱中伟. 打造海西金融旗舰 服务海西经济建设[EB/OL]. (2011-02-11)[2023-10-13]. https://www.cib.com.cn/cn/aboutCIB/about/news/2011/20110211.html.

[47] 马传茂. 兴业银行吕家进：一张蓝图绘到底, 以强大的战略执行赢得战略主动[EB/OL]. (2011-09-27)[2023-10-13]. https://baijiahao.baidu.com/s?id=1712012819489319446&wfr=spider&for=pc.

[48] 金融界资讯. 倾注金融力量 助力鹭岛腾飞 兴业银行厦门分行坚守金融服务本心，助力厦门城市建设与发展[EB/OL]. (2022-09-30)[2023-10-13]. https://business.sohu.com/a/589221373_121335114.

[49] 于晗. 兴业银行："商投并举"实现"点绿成金"[EB/OL]. (2021-12-24)[2023-10-13]. http://www.cbimc.cn/content/2021-12-24/content_454836.html.

[50] 兴业银行. 全国首单！兴业银行落地2000万元"碳汇贷"[EB/OL]. (2021-03-17)[2023-10-13]. https://www.cib.com.cn/cn/aboutCIB/about/news/2021/20210324.html.

[51] 新财富. 一家银行，如何炼成ESG领跑者[EB/OL]. (2022-03-14)[2023-10-13]. https://www.cib.com.cn/cn/aboutCIB/about/news/2022/20220318.html.

[52] 21世纪经济报道. 兴业银行零售事业部改制"非常道"[EB/OL]. (2010-04-16)[2023-10-13]. https://www.cib.com.cn/cn/aboutCIB/about/news/2010/20100420_2.html.

[53] 中国金融新闻网. 中国银行发布《金融场景生态建设行业发展白皮书2.0》[EB/OL]. (2022-09-01)[2023-10-13]. https://www.fifinancialnews.com.cn/yh/sd/202209/t20220901_254622.html.

[54] 证券时报. "财富管理银行"愿景如何落地？拆解6万亿银行战略打法！两大指标创新高，年内新增1000余名科技人员[EB/OL]. (2022-08-31)[2023-10-13]. https://baijiahao.baidu.com/s?id=1742634905552373818&wfr=spider&for=pc.

[55] 央广网. 股份行首家！兴业银行私人银行专营机构获准开业[EB/OL]. (2021-12-22)[2023-10-13]. https:// baijiahao.baidu.com/s?id=1719815490955376104&wfr=spider&for=pc.

[56] 中国经济网. 兴业银行荣获2023年"中国最佳客户关系管理私人银行奖"[EB/OL]. (2023-06-09)[2023-10-13]. http://finance.ce.cn/home/jrzq/dc/202306/09/t20230609_38583743.shtml?from=groupmessage.

[57] 21世纪经济报道. 独家专访兴业银行行长陶以平：轻型银行谋定而动[EB/OL]. (2017-05-06)[2023-10-13]. https://www.cib.com.cn/cn/aboutCIB/about/news/2017/20170508.html.

[58] Cointelegraph. 数字银行初创公司GoodMoney获3000万美元A轮融资[EB/OL]. (2018-12-13)[2023-10-13]. https://www.it-bound.com/archives/42622.

[59] 郭豫媚. 新经济需要这样的普惠金融：消除机会不平等 兼顾效率与风险[EB/OL]. (2022-01-06)[2023-10-13]. https://baijiahao.baidu.com/s?id=1721181584505392280&wfr=spider&for=pc.

[60] 新华社. 国务院印发《推进普惠金融发展规划（2016—2020年）》[EB/OL]. (2016-01-15)[2023-10-13]. https://www.gov.cn/xinwen/2016-01/15/content_5033105.htm?gs_ws=tsina_635884696663794504.

[61] 中华人民共和国中央人民政府. 11部门关于印发大中型商业银行设立普惠金融事业部实施方案的通知[EB/OL]. (2017-05-27)[2023-10-13]. https://www.gov.cn/xinwen/2017-05/27/content_5197378.htm.

[62] 环球网. 央行对普惠金融实施定向降准政策2018年起实施[EB/OL]. (2017-09-30)[2023-10-13]. https://baijiahao.baidu.com/s?id=1579960264584639189&wfr=spider&for=pc.

[63] 中国新闻周刊. 兴业银行：加快集团"全绿"转型 服务能源产业高质量发展[EB/OL]. (2023-04-10)[2023-10-13]. http://www.inewsweek.cn/observe/2023-04-10/18118.shtml.

[64] 倪方圆. 兴业银行创新搭建金服云平台，开创"获奖 助企""双赢局面"[EB/OL]. (2020-08-26)[2023-10-13]. https://baijiahao.baidu.com/s?id=1676071339210768504&wfr=spider&for=pc.

[65] 中国经济网. 生态强省绿色金改，福建打造资管行业新高地[EB/OL]. (2023-05-17)[2023-10-13]. https://baijiahao.baidu.com/s?id=1766105999925646737&wfr=spider&for=pc.

[66] 人民资讯. "云"端春风至 普惠活水来——金服云平台注册企业突破11万家[EB/OL]. (2021-05-10)[2023-10-13]. https://baijiahao.baidu.com/s?id=1699335575717883334&wfr=spider&for=pc.

[67] 证券日报. 兴业银行：截至6月末累计投放产业精准扶贫贷款55亿元[EB/OL]. (2020-09-10)[2023-10-13]. https://baijiahao.baidu.com/s?id=1677452381386110691&wfr=spider&for=pc.

[68] 兴业银行. 兴业银行获评全国慈善会"十大爱心企业"[EB/OL]. (2017-07-04)[2023-10-13]. https://www.cib.com.cn/cn/aboutCIB/about/news/2017/20170704_1.html.

[69] 毕马威, 阿里云研究中心. 未来银行：DT时代中国银行业发展的新起点[R/OL]. (2019-07-25)[2023-10-13]. https://www.vzkoo.com/read/bdd78d826582c8fa79371b88713a671c.html.

[70] IBM. 2023年全球银行和金融市场展望——在不确定的时代构建数字化优势[R/OL]. (2023-04-06)[2023-10-13]. https://www.ibm.com/cn-zh/services/insights/industry-banking.

兴业银行立行三十五周年大事记

1988.8

1988 年 8 月，兴业银行在福建省福州市迎来开业

2000

2000 年兴业银行确立"建立全国性现代化商业银行"战略构想

2003.8

2003 年 8 月，兴业银行本外币核心系统上线，成为国内少数具备核心系统自主研发能力和自主知识产权的银行之一

2003.3

兴业银行正式由"福建兴业银行"更名为"兴业银行"

1996.3

1996 年 3 月，兴业银行上海分行成立，迈出跨区域经营第一步

2005.5

2005 年 5 月，随着银行同业合作业务纵深发展，兴业银行推出银银平台，开创国内银银合作新模式

2007.2

2007 年 2 月，兴业银行在上交所挂牌上市，成为上市银行

2006.5

2006 年 5 月，兴业银行与国际金融公司签署能效融资项目合作协议，推出绿色信贷产品，绿色金融起步

2008.3

2008 年 3 月，兴业银行订立综合经营目标，制定《兴业银行综合经营规划纲要》

2003.12

2003 年 12 月，兴业银行成功引入恒生银行、国际金融公司、新加坡政府直接投资公司三家境外战略投资者

2010.8

2010 年 8 月，兴业金融租赁有限责任公司获批开业，标志兴业银行综合化经营战略迈出实质性步伐

2014.8

2014 年 8 月，兴业银行"面向银行业金融机构的金融云服务平台建设及应用推广项目"入选国家云计算工程

2008.10

2008 年 10 月，兴业银行采纳"赤道原则"，成为中国首家"赤道银行"

2014.3

2014 年 3 月，兴业银行首家境外分行——香港分行，正式开业

2009.6

2009 年 6 月，兴业银行获得英国《金融时报》"年度亚洲可持续银行"奖

2018.8

2018 年 8 月，拉萨分行正式开业，兴业银行实现对境内所有省、自治区、直辖市的网点全覆盖

2016

2016 年末，兴业银行总资产规模突破 6 万亿元，资产规模位列股份制银行第一

2016.4

2016 年 4 月，兴业银行新一代核心业务系统（V3 项目）升级上线

2018.11

2018 年 11 月，兴业银行发行首支境外绿色金融债券，成为中资商业银行中首家完成境内境外两个市场绿色金融债发行的银行

2015.5

2015 年 5 月，兴业银行跃居《福布斯》杂志全球企业 2000 强排名第 73 位，晋级百强

2019.9

2019 年 9 月，联合国环境规划署正式发布《负责人任银行原则》，兴业银行成为首批签署银行

2020

2020 年，全球明晟（MSCI）公布了逾 2800 家企业 ESG（环境、社会及公司治理）2019 年度评级，兴业银行获评 A 级，为国内银行业所获最高评级

2022

2022 年，兴业银行全面加快数字化转型步伐，成立兴业金融科技研究院，并于 7 月推出"兴业管家""钱大掌柜""银银平台""兴业普惠""兴业生活"五大线上品牌

2019.12

2019 年 12 月，兴业银行获中国银保监会批复同意筹建兴银理财有限责任公司，成为第三家获批筹建理财子公司的股份制商业银行

2021.10

2021 年 10 月，中国人民银行、银保监会发布首批国内系统重要性银行名单，兴业银行入列第三组

2022

英国《银行家》2022 年全球银行 1000 强名单中，兴业银行按一级资本排名第 16 位，按总资产排名第 26 位；在美国《福布斯》杂志 2022 年全球上市企业 2000 强名单中，兴业银行位居第 55 位；在 2022 年《财富》世界 500 强名单中，兴业银行位居第 208 位

2023.2

2023 年 2 月，兴业银行宣布东南亚研究院成立；4 月，兴业银行伦敦代表处成立，国际化布局再进一步

2022

2022 年，兴业银行成为第 10 家数字人民币运营机构，同年 8 月，数字人民币钱包正式上线

2022

2022 年，兴业银行启动"科技人才""绿色金融"两个万人计划，坚持"专家办行"

张小军　马玥 / 著

读者服务

4000213677　（028）87575393

内容简介

诞生于 20 世纪 80 年代的中国股份制商业银行是历史上一批勇者的象征，它们承担起渐进式改革下的创新突破使命，因改革而生，为金融改革探路。其中，兴业银行是少有的改革成功者之一，历经 35 年发展，从东南一隅走向全国，走向世界，成为我国首批系统重要性银行、全球银行 20 强。一代代兴业人，抱着坚定的信念，怀揣极大的抱负，经历了难以想象的困难，他们年富力强，胸怀理想，实干兴邦，承担起历史使命，见证并参与了一家主流银行的诞生、展业、奋进历程，最早参与了国家金融体制改革，最先顺应时代大势，勇立时代潮头，穿越经济周期，实现"一流银行、百年兴业"的成功之路。

作为一家具有中国特色的商业银行，兴业银行的转型和高质量发展带有鲜明的时代特征。本书以第三方视角，回答：兴业银行是什么？兴业银行何以成为兴业银行？兴业银行有何独特性？兴业银行在中国金融改革、股份制商业银行发展历程中走出了一条怎样的创新之路？

作者简介

张小军

作家、资深策划人，华著文化、考拉看看、创生孵化器等机构的创办人，常年从事内容创作和运作、企业和商业案例研究。拥有丰富的传媒和商业实战经验，是多个品牌的推动者。策划推出多部畅销图书，部分策划作品入选"经典中国国际出版工程""丝路书香工程"；持续研究头部企业，是《兴业之路》《这就是茅台》《在这里读懂习酒》《未来》等作品的策划人和主笔。著有经济学家刘诗白、金融学家曾康霖、企业家褚时健的传记。参与主编《四川省志·总述卷》《重庆年鉴》《大熊猫图志》等志鉴作品，也是《读懂中国金融》《大熊猫之路》等作品的策划兼执行主编。发起成立"东方口述史中心""金融口述历史中心"并带领团队持续推出口述历史作品。邮件或微信联系：24973558@qq.com

马 玥

中国内容行业的重要研究者和实践者，考拉看看联合创始人兼执行总经理。持续研究的内容案例包括褚时健与褚橙品牌、浙商企业家精神、茅台文化等。著有《爆品思维》《重新理解人力资源》《这就是茅台》及茅台"五力"作品。

策划团队

考拉看看
Koalacan

考拉看看是中国领先的内容创作与运作机构之一，由资深媒体人、作家、出版人、内容研究者和品牌运作者联合组建，专业从事内容创作、内容挖掘、内容衍生品运作和超级品牌文化力打造。

考拉看看持续为政府机构、公司企业、家族及个人提供内容事务解决方案，每年受托定制创作超过 2000 万字，推动出版超过 200 部图书及衍生品；团队核心成员已服务超过 200 家上市公司和家族，已服务或研究过的案例包括褚时健家族、腾讯、华为、茅台、万向、娃哈哈及方太等。

书服家
Forbooks

书服家是一个专业的内容出版团队，致力于优质内容的发现和高品质出版，并通过多种出版形式，向更多人分享值得出版和分享的知识，以书和内容为媒，帮助更多人和机构发生联系。

写作 | 研究 | 出版 | 推广 | IP 孵化
Writing Research Publishing Promotion IP incubation
电话 TEL 400-021-3677　　Koalacan.com

《兴业之路》工作组成员

张小军　马 玥　熊玥伽　高静荣

曾思瑜　李晓玲　胡连超　黎 艳

特邀编创：考拉看看　考拉看看
装帧设计：云何视觉　汪智昊　漆孟涛
全程支持：书服家　书服家　天下志鉴　天下志鉴

微信二维码 考拉看看

微信二维码 书服家